新媒体时代播音与主持艺术发展研究

姚 萌 王 琪 李凌矗◎著

吉林出版集团股份有限公司
全国百佳图书出版单位

图书在版编目（CIP）数据

新媒体时代播音与主持艺术发展研究 / 姚萌，王琪，李凌晶著 . -- 长春 : 吉林出版集团股份有限公司，2023.6
 ISBN 978-7-5731-3945-0

Ⅰ.①新… Ⅱ.①姚… ②王… ③李… Ⅲ.①播音—语言艺术—研究②主持人—语言艺术—研究 Ⅳ.① G222.2

中国国家版本馆 CIP 数据核字 (2023) 第 126927 号

新媒体时代播音与主持艺术发展研究
XINMEITI SHIDAI BOYIN YU ZHUCHI YISHU FAZHAN YANJIU

著　　者	姚　萌　王　琪　李凌晶
责任编辑	息　望
封面设计	李　伟
开　　本	710mm×1000mm　　1/16
字　　数	203 千
印　　张	13
版　　次	2024 年 1 月第 1 版
印　　次	2024 年 1 月第 1 次印刷
印　　刷	天津和萱印刷有限公司

出　　版	吉林出版集团股份有限公司
发　　行	吉林出版集团股份有限公司
地　　址	吉林省长春市福祉大路 5788 号
邮　　编	130000
电　　话	0431-81629968
邮　　箱	11915286@qq.com
书　　号	ISBN 978-7-5731-3945-0
定　　价	78.00 元

版权所有　翻印必究

作者简介

姚萌，毕业于河南大学，硕士研究生学历，播音与主持艺术专业。现任教于河南开封科技传媒学院，讲师，高级职业指导师，研究方向为播音与主持有声语言传播。主持并完成市级社科项目1项、参与完成市厅级课题项目10余项，参与完成校级课题4项，发表论文3篇。

王琪，毕业于河南大学，硕士研究生学历，广播电视专业。现任教于商丘学院，讲师，研究方向为艺术教育。主持并完成河南省民办教育协会科研项目1项，参与完成市厅级课题项目10余项，发表论文4篇，专著1部。

李凌皛，毕业于河南大学，硕士研究生学历，艺术学专业。现任教于河南开封科技传媒学院，讲师，研究方向为口语传播、影视配音。主持并完成河南省社科项目1项。

前　言

目前，我国已经步入了信息化时代，信息技术对于社会各行各业都产生了深远影响，广播电视行业也不例外。

语言是思想的直接体现，播音主持语言是广播、电视等传播媒体中有声语言的重要组成部分，在多媒体传播过程中有其独特的魅力。播音主持工作是通过语言将各种信息传达给人们的，这要求播音员、主持人正确运用播音语言，并对其进行创新，既要呈现简单自然的状态，又要在此基础上对语言表述加以规范。创新是播音主持事业蓬勃发展的动力，每一位播音员、主持人都可以通过创新来提升自己的水平。

播音主持艺术学是以广播电视有声语言创作主体及其语言传播活动为研究对象，以新闻事实及时传播为根基，以规范、审美为艺术追求，以民族精神、人文精神和社会主义核心价值观为灵魂，以提升国民综合素质为目标的一门学科。虽然它立足于广播电视大众传播的语境，但是能充分汲取自我传播、人际传播的优势，并通过去粗取精、去伪存真的创作过程，引领和提升语言品质；虽然它具有语言文字的工具属性，但是又能在"音声化"的过程中，赋予"有声语言"生命的活力、思想的力量，使其具有"人性"的蕴藉和"文化"的灵魂；虽然它具有艺术表现的属性，但是又必须严格遵循大众传播规律，在新闻真实性原则的制约下，展开一系列艺术创作活动。

全书共分为五章。第一章为播音与主持的概述，包括播音与主持的定义、语言特点，播音主持艺术的属性、特征与功能。第二章为播音与主持艺术的创作，阐述了播音与主持艺术创作的原则、方法及分类。第三章从五个方面介绍了播音与主持艺术的训练技巧，包括播音与主持艺术的特性与机理、语音与标准、气息与状态、口腔与声母、喉部与声调。第四章为新媒体时代播音与主持艺术的机遇与挑战，分别从新媒体时代播音与主持专业人才培养的现状、播音与主持的艺术批评两个方面进行阐述。第五章为新媒体时代播音与主持艺术的发展与创新，从五个方面进行阐述,分别是新媒体时代播音与主持艺术的发展途径、新媒体时代播音与主持艺术的创作样态、新媒体时代播音与主持艺术专业的新定位、新媒体时代播音与主持艺术的创新策略、新媒体时代播音与主持人才培养模式的转变。

在撰写本书的过程中,作者得到了许多专家学者的帮助和指导,参考了大量的学术文献,在此表示真诚的感谢。但由于作者水平有限,书中难免会有疏漏之处,希望广大同行及时指正。

目 录

第一章　播音与主持的概述……………………………………………………1
　　第一节　播音与主持的定义……………………………………………2
　　第二节　播音与主持的语言特点………………………………………12
　　第三节　播音与主持艺术的属性………………………………………19
　　第四节　播音与主持艺术的特征………………………………………21
　　第五节　播音与主持艺术的功能………………………………………33

第二章　播音与主持艺术的创作………………………………………………43
　　第一节　播音与主持艺术创作的原则…………………………………44
　　第二节　播音与主持艺术创作的方法…………………………………57
　　第三节　播音与主持艺术创作的分类…………………………………86

第三章　播音与主持艺术的训练技巧…………………………………………99
　　第一节　播音与主持艺术的特性与机理………………………………100
　　第二节　播音与主持艺术的语音与标准………………………………108
　　第三节　播音与主持艺术的气息与状态………………………………118
　　第四节　播音与主持艺术的口腔与声母………………………………130
　　第五节　播音与主持艺术的喉部与声调………………………………160

第四章 新媒体时代播音与主持艺术的机遇与挑战 ……173
第一节 新媒体时代播音与主持专业人才培养的现状 ……174
第二节 新媒体时代播音与主持的艺术批评 ……178

第五章 新媒体时代播音与主持艺术的发展与创新 ……181
第一节 新媒体时代播音与主持艺术的发展途径 ……182
第二节 新媒体时代播音与主持艺术的创作样态 ……183
第三节 新媒体时代播音与主持艺术专业的新定位 ……185
第四节 新媒体时代播音与主持艺术的创新策略 ……187
第五节 新媒体时代播音与主持人才培养模式的转变 ……189

参考文献 ……195

第一章　播音与主持的概述

播音与主持是传播广播电视节目的活动。本章为播音与主持的概述，主要从五个方面进行阐述，分别是播音与主持的定义、语言特点，播音主持艺术的属性、特征与功能。

第一节 播音与主持的定义

一、播音的定义

播音作为一门学科，它的基本概念不是非常明确，首先需要揭示它的基本内涵，其次对它的外延做出明确的界定，才能够成为严格的定义。事实上，我们通常是在"播出声音"这个动词的词性意义上来理解它的真实含义。但是，广播电视中播出的声音包含着三类要素——有声语言、音乐、音响。因此，我们只是借用了它的狭义概念作为特定概念，即播音员和节目主持人运用有声语言和副语言，通过广播、电视传媒所进行的、传播信息的创造性活动。这个概念大致说明了播音员和主持人所从事专业工作的性质，并排除了广播电视中的另外两个声音要素——音乐和音响。也就是说，音响和音乐不属于"播音学"的研究范畴。

（一）播音的内涵

播音是运用有声语言进行艺术创作的活动。它不仅是依据稿件来进行有声语言的再创造，还包括无稿播音的各种话语艺术。从口头语体来分类，可以分出朗读语体、演讲语体和谈话语体等。有声语言存在三个基本要素——语音、词语和语法。对这些要素进行不同程度的艺术加工，使之语音清晰规范、用词形象生动、表达明白晓畅等，就成为有声语言艺术。

1. 语音清晰规范

播音是一种媒体语言，而媒体又是面向大众的。大众传媒本身就要求信息有较高的清晰度、可懂度和可感度，同时，由于它对社会的影响广泛，因此必须承担相应的社会责任。推广规范的全民族共同语——普通话，就是其中一项重要社会责任。实现广播语言文字的规范化、标准化，是普及文化教育、发展科学技术、提高工作效率的一项基础工作，对社会主义物质文明建设和精神文明建设具有重要意义。广播电视工作者应该贯彻推广普通话的方针政策，成为语言文字规范化的宣传者和实践者。在人们的心目中，广播电台、电视台播音员、主持人的语言就是标准语言，因此，许多模棱两可的读音问题在实践中往往以他们的语言为榜样。也正因为这样，目前，国家对播音员、主持人的普通话水平要求较高，一方面是为了向社会做示范，另一方面也是为了达到最通晓、最广泛、最生动的传播效果。要满足这些要求，播音员、主持人就必须不断锤炼自己的有声语言，使自己的播音语言准确、清晰、圆润和富于变化。

准确是指吐字发音要合乎规范，发音部位和发音方法要准确无误。在语流中，尽管存在音变、语调等的影响，但是必须遵循普通话的规范，在语音准确的基础上，提高语言的表现能力。例如，对声母中发音部位相同的 n 和 l，要把握住它们之间不同的发音方法；对发音方法相同的 z、c、s 和 zh、ch、sh，则要把握住它们之间不同的发音部位等。播音吐字的准确度要求很高，它的规范性要求也更为严格。

清晰是与含混相对应的。它不是指声音的大小，而是指字音的纯净度。例如，有些播音中有一种"音包字"的现象，就是指一味追求声音的响度，却忽视了吐字清晰的情况，"音包字"会影响语义的表达，给人只留下声音大的印象；反之，孱弱的声音也不利于语义的清晰表达。可以说，播音对吐字归音清晰度的要求要高于对嗓音响亮度的要求。

圆润是播音吐字的第三项基本要求。如果说吐字归音的准确、清晰指的是"字正"，那么圆润就是指悦耳动听的"腔圆"了。人们常常把吐字的圆润比喻为"珠落玉盘"。但是这里的"珠落玉盘"和其在曲艺说唱中的含义并不一样。曲艺说唱是用抑扬顿挫的曲调来表现艺术效果，而播音则需要通过嗓音来反映汉语音节本身的音乐性，从而达到圆润的效果。

富于变化是吐字归音在表情达意方面的最终要求。规范的对立面是变异，语言的变异使语言偏离规范，而过于严苛的规范又会导致语言的僵化。语言就是在这种对立统一的过程中不断丰富和发展的。语言来源于社会生活，反映着生活现象。播音要想表现丰富多彩的社会生活，就不可能拘泥于固定的模式，这就决定了我们的语言是活泼、生动，富于表现力的。在播音实践中，既要强调语言的规范化，同时也要提倡语言的生活化、大众化。

2. 选词形象生动

有稿件的播音可以不需要考虑选词用句的问题，但是没有稿件的播音就要求播音员能够出口成章。没有良好的语言修养是难以"成章"的，即便"成章"也不能被称为"华章"。特别是主持人大多是在交流状态下使用有声语言的，更应该注意这方面的语言修养，要求选词用句准确、适度、得体、规范。既要尊重历史词语发展的一般规律，还要考虑约定俗成的社会习惯，恰当吸收并引用一些新的词语。选词用句必须遵循以下三项原则：

（1）普遍性原则

广泛使用、普遍知晓是现代汉语采用新词语并加以规范的重要条件。因为普通话是以北方官话为基础方言，首先就要考虑这些词语在北方方言中是否被普遍使用。例如，马铃薯有多种词语概念——土豆儿、洋芋、洋山芋、洋芋头、山药、山药蛋等。在北方更多的地方称它为土豆儿，我们就可以认定它是规范词语。

有的古汉语词语过去带有文言色彩，但是沿用至今已经家喻户晓，也可以通行，如"诞辰""百姓""拂晓""琢磨""推敲"等。

同一概念有多种语词形式，没有重复的必要，可以选择一种来加以规范。选择的标准就是看哪一种使用的频率最高、最普遍。如"洋灰、水门汀、水泥"中，取"水泥"；"巧克力、朱古力、巧格力"中取"巧克力"等。另外，缩略语也要服从约定俗成的使用习惯，如"中国人民政治协商会议"简称"政协"，但是把"杂技艺术家协会"简称"杂协"显然不合适，得不到大家的认同。再如，大家已经习惯把"彩色电视机"叫"彩电"，使用这些词语不会引起歧义，所以一直沿用至今。

（2）必要性原则

无论是古汉语、方言词，还是外来语的引用，都要考虑是否有补充普通话词语的必要。如果普通话词语中已经有了相应的、确切表达的词语，就没有必要另外引用其他词语。如上海话中的"白相"（玩）、"辰光"（时间）、"马路"（公路）等，在普通话里已经有了明确的表达词语，就没有引用它们的必要了。

引入外来词语也必须遵循这个原则，"饼干"没有必要叫"曲奇"，"激光"没有必要称"莱塞"，"话筒"不应该再叫"麦克风"等。由于社会新事物的不断涌现，因此有时很难用相应的词语来表达准确的含义，于是出现了一些新词和借用词。如"反思""磨合""强势""打造"等。至于"三明治""汉堡包""热狗"

等音译词都是特指国外的某种食品，所以也就沿用下来了。

（3）意义明确原则

普通话里所普遍使用的古汉语，都是已为大家所熟知、了解的，意义很明确。一些含义不明、晦涩难懂的古语词，如"鼎辅""蹭蹬""夭夭"等，没有被普遍应用，因此也没有采用价值。

普通话所采用的方言词语，也要求是意义明确、普遍知晓的。如采用"香肠"，而不用方言的"烟肠""酿肠"，采用"西红柿"，而不用"臭柿仔""番茄"，采用"钞票"，而不用"铜钿""纸字""银纸""票子"等。

汉语吸收外来词的历史远在汉代外交家张骞出使西域的时代就开始了。例如，从梵语（印度的语言之一）中吸收进"玛瑙""玻璃""罗汉""刹那"等。汉语还吸收了许多少数民族地区的词语，如藏族的"哈达""热巴""酥油"，维吾尔族的"热瓦甫""冬不拉"，满族的"福晋""萨其玛"等。现在习惯使用的"胡同""站"等词语起源于蒙古语。汉语对外来语的吸收，往往原来是借用词，后来另造新词，主要还是为了明确表达词意。有的在音译的过程中，有不同的注音方法，应以国家语言文字工作委员会确定的统一标准来执行。

3.表达明白晓畅

如前所述，播音表达就是指广播电视节目内容的播报方式。从口语表达的角度分析，播音表达可以分为转述式播报、陈述式报道、阐述式评论、叙述式交流、描述式解说等。这些口语表达方式在广播电视传播实践中都客观存在，也都具有各自的特点和应用范围。

（1）转述式播报

转述式播报适合代表组织、团体或权威人士发表文论或言论，也适合对文学艺术作品的朗读。它曾经是广播电视中一种主要的语言表达形式，是在三级审稿播出管理体制，以及录播机制下派生出的一种制播手段。它依托的是一种朗读语言或者说是"有稿播音"方法，也是当前播音学的主要研究对象。只要广播电视还需要发挥转述作用，这种语言形式就会长期存在，仍然具有较高的应用价值。如政府文告、新闻公报、评论文章、文传电讯等，都需要用转述式播报，才能够被准确、鲜明、生动地播报出去，随意地加词改句都是不严肃、不适当的行为。

再譬如，播送一些经典的文学作品（小说、散文、诗歌等），就只能用朗读转述的方法来表达，而不可能用其他的方法。因为这种语言表达准确、清晰、生动、形象，所以从广播诞生之初，就被一直沿用至今。

（2）陈述式报道

时效性强是广播电视新闻的独特优势，有时它甚至可以与新闻事件同时、同步报道。这种时效的发挥主要依赖记者在新闻现场做的目击式口头新闻报道。但是，能否真实、客观地报道新闻事件，迅捷、准确地揭示新闻价值，取决于记者的口头语言表达能力。

例如，记者在奥运会比赛现场，边看边说、边走边播，具有极强的现场感。他们所陈述的赛场实况，生动活泼地反映了运动员在奥运会赛场为国争光、奋力拼搏的激动人心的场面。主持人灵活调动各个场地最精彩的内容，使听众在有限的时间里，身临其境地领略奥运会赛场的气氛。

（3）阐述式评论

阐述式评论通常是主持人在广播电视中即兴发挥，就某些社会事件或新闻事实发表的观点性评论。这是主持人以新闻评论员身份出现时，普遍采用的话语方式。中央电视台的《焦点访谈》节目就是此类型的典型。主持人的评论源于事实，高于事实。有时是观众目击事件，却又难以表达出来的感想，可谓言其心声；有时说出了观众没有意识到的内容，使观众有一种茅塞顿开的感受。

（4）叙述式交流

叙述式交流主要是指在广播电视节目中，以谈话形式出现的话语方式。纪实和谈话是当代电视的两个最重要元素，新节目的出现和现有节目的提高都离不开这两大基本元素的开发和组合。因为只有纪实和谈话才能使电视接近真实，而接近真实就是接近观众的心理和电视传播的本质。谈话不是一个新概念，但是对谈话节目的使用，不少电视从业者却是经历了全新的认识。

广播电台中，夜话节目、谈话节目很受听众的欢迎，这与主持人的叙述能力密不可分。这种叙事能力并非都是先天因素，主要还是后天获得的。因为叙述方法是有一定规律的，按照一定的规律来培养和提高自己的语言能力，就能够变得机敏而健谈。

（5）描述式解说

在广播中，一些大型活动的直播需要现场解说，以弥补受众只能听不能看的遗憾。譬如，球赛解说、演出实况解说等。电视中用大量的画外音也属于这种解说性质，因为它是对视觉信息的补充性说明和描摹，用以加深受众的感性认识。

广播中的电影解说、戏剧演出解说也都具有描述性特点，这样的解说需要使用描述性的语言来表达。

（二）播音的外延

修辞以适应题旨情景为第一要义，不应仅仅是语词的修饰，更应是不离开情意的修饰。原意是指运用书面语言，要考虑环境因素的影响。我们称它为语言环境，简称语境。口头语言同样也受到语境制约，我们把经过艺术加工的有声语言，称为有声艺术语言，凡是在广播电视中运用话筒进行再创造的有声语言，都属于有声艺术语言。但是，不同的语境对语体的选择和语式的运用都有不同的要求，广播电视中各类节目的不同语境就是制约播音语言的特定条件。

播音是一种口头语言形式，从语言材料的运用角度分析，可分为有稿播音和无稿播音；从应用语言学的角度分析，在现存的播音方式中至少涵盖了三种口头语体形式：播读（朗读）、阐说（演讲）和谈话。而播读语体又可分为新闻（三大文体播读）、文学（朗读）和诗歌（朗诵）等；阐说语体又可分为报道、评述、解说等；谈话语体又可分为访谈、交谈和侃谈等。

张颂在《广播电视语言艺术：中国广播电视语言传播研究》一书中曾说："广播电视播音主持语体研究是一个综合性、实践性很强的研究方向。它的任务是，系统研究各类广播电视节目播音主持的语体特征以及与之相适应的教学训练体系；分析不同言语形式与心理机制、生理机制的关系，研究创作心态差异和肌体反应差异对语言表达模式的影响。它以辩证唯物主义为指导思想，以调查研究、个案研究、系统研究、比较研究为主要研究方法。该方向将立足于总结我国广播电视播音与主持的丰富实践经验，吸收相关学科的理论研究成果，构建中国广播电视主持语体的理论体系。"[①] 需要说明的一点是，任何一种语体现象都不会孤立

---

① 张颂．广播电视语言艺术：中国广播电视语言传播研究 [M]．北京：北京广播学院出版社，2001．

存在。各类语体间必然会存在互相渗透、相互交叉的情况。特别是广播电视的语境可塑性较强,这就出现了适应性语体的多种变化。

1. 播读语体

在一些转述播报类节目中,传播是单向的,没有直接交流对象,也不需要接受反馈。播音员依据文字稿件进行语言艺术再创造。这样的播报方式是朗读式的,运用的就是播读语体。例如,新闻播报、文学作品播读等。如何在不增减文字稿件内容、不允许播错一个字的要求下来完成理解稿件—具体感受—形之于声—及于受众的艺术创作,并不是件轻松的事情。播音艺术家夏青就做到了播送的新闻、评论、文稿等吐字清晰、浑厚稳重、态度鲜明、感情酣畅、逻辑严谨、跌宕起伏、义正词严、气势磅礴,回荡在中国的天空,深入千家万户,至今袅绕耳际。听他朗诵和讲解的古典诗词,不仅使人增长知识,提高素养,而且是一种美的享受,这就是播读语体运用的典范。

2. 阐说语体

阐说语体是以有声语言为主要手段,以体态语言为辅助方式,针对某个具体问题,鲜明、完整地发表自己的见解和主张,阐明事理或抒发情感,进行评述性报道的一种语言艺术,常用于广播电视的现场报道、现场解说、新闻点评或重大题材的现场转播中。阐说语体就是要主持人能在瞬息万变的新闻事件中迅速做出反应,进行准确的点评、生动的阐发。

3. 谈话语体

谈话节目是通过广播电视媒介再现或还原日常谈话状态的一种节目形态,通常是面对面、一对一人际交流式的。谈话节目通常由主持人、嘉宾(有时还有现场观众)在演播现场围绕某个话题或个案展开即兴、双向、平等的交流。

根据上述分析,播音的基本概念可以表述为播音是在广播电视等大众传媒节目语境下的有声语言艺术创作活动。

至于原播音概念中涵盖的另一个因素——副语言,它的狭义指有声现象。如说话时气喘,嗓子沙哑或者尖溜溜、吃吃笑,整句话带鼻音,某个字音拉得很长,压低嗓音打喳喳,结结巴巴说话不连贯等。这些是伴随话语而发生或对话语有影响的,有某种意义,但是那意义并非来自词语、语法或一般语音规则。副语言现象不属于语言，不能归入音位系统。由于这个问题还存在许多不确定性，所以，我们在这里不加以讨论，暂且把它放在传播学的非语言现象中认识。

二、主持的定义

主持是人们在探求广播电视规律的过程中寻找到的一种比较符合广播电视特点的传播形式。如果只是用有声语言创作活动来说明主持行为显然是不够的，因为主持行为使用了包括语言和非语言在内的各种有效传播方式。它不只是播出的最后一环，而且需要协调和控制整个传播过程，营造某种传播氛围。我们可以把播音看作一种语言艺术，而主持则主要是一种交流行为，需要在传播过程中加以考察。

（一）主持的内涵

应该如何理解主持的概念呢？对这个概念的理解来源于主持人，这是借用的外来语。但是即便是外来语，词义也在不断的变化中。播音员和主持人的身份区别并不是问题的关键，他们的工作方式和行为特征才是需要被揭示的基本内涵。有专家对当时我国传统播音与主持人节目播音的现状做过如下分析，如表1-1-1所示。

表1-1-1　传统播音与主持人节目播音比较

	传统播音	主持人节目播音
创作起点	一篇稿件	一次节目
创作依据	文字稿件	文字稿件、提纲、资料、腹稿
内容提供	由编辑提供成型的稿件	由创作集体提供成型的稿件或自编
播音方式	以播读为主的录播方式	以交谈为主的直播方式
创作位置	第三人称的客观述评播音	第一人称的主导地位

表1-1-1中虽然没有列出播音与主持所有行为特征的可比项，但是仍可以看出传统播音和主持人节目播音的重要区别是播读与交谈的不同。如果说播读、录播是单向传播模式，那么交谈、直播显然就是双向交流模式。因此，交流传播应

该是主持的基本内涵。

主持是从节目形态的变化中产生的传播行为，这种节目形态的显著特点就是双向交流。这就是它与传统节目单向广播模式的本质区别。传播学的一个重要原则是信息共享。有效传播是一个双向的过程，只有不断地调整传与受之间的关系，才有可能达到共享的目的。尽全力在大众传播的过程中创造出交流情境几乎是所有主持人在节目中努力的方向。从这样的角度去分析可以得到许多合理的解释，如，主持人所谓的"人格化""个性化"是由于真情交流的需要，面对不真实的人就不可能展开积极的交流，交流的情境是双向的，交谈又总是在平等的"主客关系"中进行的。日常生活中的人际交流和团体互动一般都会有一个主持者，把这种交流形式引入广播电视，就必须有"主持人"。

（二）主持的外延

主持的外延主要是指主持不同节目内容的传播。譬如，新闻类节目主持、综艺类节目主持、谈话类节目主持等。主持人是相对固定在特定节目中的，且要求与节目共同形成鲜明个性。这与传统意义上的播音员很不相同，播音员并不要求固定在某个栏目中，甚至可以实行轮班式播音。

主持节目内容的专业性特点要求主持人具有较为深广的、与节目内容相关的专业知识。主持人的知识储备和积累是个长期的过程，并不是只通过狭义备稿就可以完成的。在直接面对受众交流的过程中，主持人必须持之有故，言之成理。

1. 新闻类节目主持

主持这类节目要求主持人具有较高的新闻素养、较强的新闻敏感度，能够准确把握新闻价值，迅速形成报道角度。所以，新闻节目主持人往往是大众传媒的"旗帜"，具有无可替代的权威性。由于责任重大，他们主要由资深记者、新闻评论员来承担。事实上，首创新闻节目主持人这个语词概念的初衷，就是要选择一个在新闻报道的"接力赛"中能够发挥冲刺作用的新闻传播者。

2. 综艺类节目主持

综艺类节目主要是以文艺内容为主的节目形式，具有明显的艺术特征，主持人需要具备一定的艺术素质。综艺类节目主持人在英文中常用"showman"来与其他类型的主持人加以区别。

3. 谈话类节目主持

谈话类节目方兴未艾，内容也涉及方方面面。在既包括信息性节目又包括表演性节目的众多谈话节目中，可以归纳出四大类型——新闻信息节目，杂耍喜剧访谈节目，人际关系、自助、心理和日常生活节目，以及为特殊观众服务的特别谈话节目。如，中央电视台经济类的《对话》、艺术类的《艺术人生》等。这类主持人具有的共同特点是通才练识、善解人意、妙语连珠。

4. 专题类节目主持

专题类节目几乎包罗万象，根据节目的特定宗旨来设置相应的节目主持人。如，体育节目主持人、气象节目主持人、读书节目主持人、金融节目主持人、法律节目主持人等，这类主持人通常都是由与栏目所涉及的内容有相关专业背景的人员担当的。专家型主持人对栏目内容阐述透彻、分析精辟、观点权威，深受大家的欢迎。

5. 服务类节目主持

服务类节目都有明确的服务对象，指向明确。主持人和受众关系融洽，仿佛朋友一般，如，鞠萍姐姐、董浩叔叔就已经深入"童心"，曾经的电视节目《半边天》让主持人张越一度成为妇女的代言人等。作为服务类节目主持人，必须了解自己的对象、服务于自己的对象，才有其存在的价值。

三、播音与主持的关系

虽然播音与主持概念不同，但是它们存在许多共同点。譬如，主持人在话筒前说话，那就是播音。因此，可以认为，播音有更为宽泛的含义，它不仅仅是有稿件依据的播音，还应该包括脱口而出的述评、谈话等语言现象。事实上，它是广播电视中多种口头语体的表达方式。不仅播音员、主持人需要掌握话筒前的语言技能，广播电视记者在现场报道时，也需要这种语言能力。之所以说主持是节目的传播艺术，是因为主持除了需要运用语言传播以外，还需要把握更多的非语言传播技巧。因此播音不能涵盖有声语言以外的传播行为，而主持也不可能取代语言再创造的播音艺术。

从传播过程来分析，主持需要借助播音的语言表达手段，播音也需要补充主持的非语言传播方式。主持是目前公认的、比较理想的一种传播方式，不仅运用语言手段，还运用了许多非语言手段，传播的信息量大，信息共享程度比较高。但不能因此武断地认为"主持人节目"是现在和今后广播电视中唯一的节目形式。如果那样认识问题，广播电视也就无法发展了，节目就太单调了。一些概念是在发展中形成的，比如有些人昨天被称为"播音员"，今天成了"主持人"，说不定明天又成了"网络达人"，但也许他们都可以被称为媒介传播者。现代传媒需要的传播者是多种多样的，不能以一种模式来强行规范。检验的标准就是社会传播实践，学科建设也必须是经得起实践检验的科学体系。只要我们发扬科学的精神和求实的态度，主持艺术必将成为学无止境的艺术宝库。

在广播电视中，播音和主持既相互区别，又相互联系。但是无论播音还是主持，都是一种传播行为，追求传播致效是它们共同的目标。这些传播行为总是在一定的语言环境条件下进行的，不同的节目语言环境有不同的表达方式，目的是达到最佳的传播效果。

第二节 播音与主持的语言特点

语言是人类交流的工具，是信息的载体、文化的载体，在社会政治、经济、文化发展中有重要的地位和作用。

一、规范性

播音与主持的语言以有声语言为主要创作手段，有声语言的线性传播特点使人们在收听过程中往往是一听而过，不便反复收听。为此，要求播音与主持的语言必须准确清楚，不能因语言的不规范而影响传播效果。此外，推广普通话也是播音员、主持人应尽的义务和应承担的责任。

播音与主持语言的规范性一方面要求语音（声母、韵母、声调、轻重格式、儿化、语流音变等）、词语、语法、修辞等必须符合现代汉语普通话的规定，另一方面要求语言清晰顺畅、表达精准。

普通话作为我国通用的现代标准汉语，在语音、词语、语法等方面都有明确的规定和要求。播音员、主持人在语言传播过程中应使用规范的普通话，并且做到熟练运用，不仅字音准确清晰，语流、语调还要顺畅入耳，表情达意生动恰当、清晰明了。

播音与主持的语言为什么要坚持规范性呢？这与国家发展建设和播音员、主持人的岗位特点有直接关系。由于其岗位的特殊性，国家、媒体和受众在使用和推广普通话上对播音员主持人提出了更高、更严格的要求。

我国是个多民族、多方言的人口大国，即使在同一方言区，也经常存在"十里不同音"的情况。当今社会，言语不通、沟通不畅将直接影响人的生存发展和社会进步。大力推广普通话对国家政治、经济、文化建设和发展有重要意义，有利于增进各民族、各地域之间的交流，满足经济和科技飞速发展的需要，维护国家稳定和文化安全，增强中华民族的凝聚力。因此，国家非常重视普通话的推广工作，并在宪法和相关的法律法规中都作出了明确的规定。广播电视管理部门历来重视广播电视在语言文字使用上的规范性，对播音员主持人应达到的普通话水平等级作了明确规定。

广播电视的语言文字在具体使用过程中依然存在不规范现象，一些不规范的用语或表达方式经常出现在广播电视里。国家新闻出版广电总局针对在广播电视和广告中出现的语言文字不规范现象，发出了《关于广播电视节目和广告中规范使用国家通用语言文字的通知》(以下简称《通知》)，《通知》除对不规范的语言现象作出要求外，还对坚持规范使用语言文字的重要性作了明确阐述，充分认识到规范使用国家通用语言文字的重大意义。广播电视推广普及、规范使用国家通用语言文字，是传承中华优秀传统文化、增强国家文化软实力的战略需要；是树立文化自觉、文化自信、文化自强，确保文化安全的具体举措；也是广大听众观众收听收看好广播电视节目的基本要求。广播电视作为大众传媒，担负着引领和示范的职责，必须带头规范使用通用语言文字，做全社会的表率。加强对主持人、嘉宾及其他节目参与人员规范使用通用语言文字的提示引导，对于不规范使用国家通用语言文字的内容一律不得播出。

因此，播音员、主持人应有充分的使命意识，深刻认识到在推广和使用普通话上的重要职责，学好普通话，用好普通话，努力提高普通话水平，自觉使用规范的语言文字，为全社会学习和推广普通话起到示范、表率作用。

广播电视是大众传媒，它的覆盖面极其广泛，其传播对象往往处于不同的方言区。如果不使用大家都可以听得懂的、规范的普通话，交流就会出现障碍。目前，某些方言区还保留有方言播音，其传播对象主要是使用某一方言的人群，这虽然有利于使用这一方言人群之间的交流，但是对于那些不掌握该方言的人群来讲，这会使他们因为听不懂而出现交流隔阂。这也从另一角度说明，使用标准、规范的通用语言进行传播，可以使更多的人听得懂，传播范围可以更广，使人们进行更广泛地沟通了解，增强传播效果。

二、庄重性

播音与主持和语言的庄重性植根于播音与主持的新闻属性。这是在对播音员、主持人是新闻工作者的认识基础上提出的。庄重性的核心是强调有声语言传播要真实可信；强调播音与主持的语言应该是真实、清晰、恰切、质朴的，而不应该是虚假、含混、冷漠、僵硬的；强调播音员、主持人在创作过程中必须严肃认真、一丝不苟，拒绝道听途说、信口开河、草率轻浮，要保持庄重的态度，流露出严肃郑重的神情，显示出义不容辞的责任，表达出坚定不移的真诚。

真实是新闻的生命，是衡量一切新闻价值的首要标准。新闻不允许有任何虚构或想象，因此，作为新闻工作者的播音员、主持人，其有声语言表达也必须是真实可信的。但是，由于理解感受不准、语言功力不足，甚至由于个性的问题，都可能给人以非真实感，所以，我们不仅要做到内容本身是真实的，而且还要在表达上让人感到真实可信。对表达内容理解感受的深浅，态度、感情分寸的把握，声音的运用，吐字、气息的状态等等，都会影响有声语言的品格和可信性。

三、鼓动性

鼓动性是在有声语言创作过程中贯通的内驱力，是创作主体由内而外生发出来的一种推进力，是创作主体赋予有声语言的生命活力。它以创作主体真挚贴切的思想感情为基础,以具体的针对性为目标,充满人文关怀,具有感召力和感染力。

大众媒介中的语言传播是有目的的传播,我们进行语言传播不是自我宣泄、自娱自乐,而是在进行信息传播的同时,传递情感、传播文明、批判不正之风,让社会更加文明进步,这正是播音主持语言鼓动性的内在要求。概括地说,鼓动性是指语言传播中所显现的感召力和感染力。

鼓动性不是强加于人,而是遵循"情动于中而形于言"的艺术创作规律,强调内在情感的真挚和"非说不可"的愿望,注重语言表达的情真意切,富有感染力。鼓动性在不同内容、不同节目中的表达会有所不同。有的浓烈些,有的平和些,有的显露些,有的隐蔽些,但是最终都希望能够催人向上。

四、时代感

播音与主持和语言的时代感是指有声语言表达所表现出的一定时代氛围和时代精神。一般来说,在政治、经济、文化向前发展的同时,艺术创作也是与时俱进的。"与时俱进"之"时",主要是指在某个时代能认识到主体生活的实践总体所造成的时势。这种"时势"既包括认识对象的发展变化,也包括促进和制约认识水平提高的历史条件。对于播音主持语言来说,时代感不是人为的,而是某一时代总体特点在有声语言表达上的客观反映,反过来,播音主持语言对某一时代有声语言的表达特点又有极大的影响和推动。

首先,播音与主持的语言特点与时代特点相一致。播音与主持工作本身时代感就非常强,它以不断变化发展的、多彩的时代生活为依托,以关注社会变化、服务百姓生活、崇尚健康人生为宗旨,及时报道、评析变革时代的生活现象。播音与主持的语言也往往紧跟时代,体现出时代的特点。

纵观广播电视播音语言的发展历程,播音语言具有鲜明的时代感。不同时期我国社会的发展特点和生存状态,对播音语言有着直接的影响,不同时期的播音语言呈现出不同时代鲜明的印记。从某种角度来说,我们通过播音语言词语和表达方式的特点,可以窥见社会某一发展时期的总体特点。比如,解放战争时期的爱憎分明,改革开放前期的"降调"和"提速",无不反映了那个年代的时代氛围。

其次，播音与主持的语言的时代感是时代特点在播音语言上的客观反映，与此同时，它对所处时代的语言风气和语言品格也具有一定的引领和推动作用。借助大众传媒，播音与主持的语言可以对所在时代的个别语言现象产生放大、推广的效应。因此，传播主体在语言传播过程中既要顺时而进，也要辨识方向，认清哪些语言品格应该被坚守、引领，哪些语言风气应该被摒弃、遏制。

最后，语言传播主体要主动感受和把握时代特点及要求，与时俱进。尽管我们每个人在语言运用中会自然而然地呈现所在时代的特点，但是，对语言传播的个体来说，应该主动地认识和感受这个时代的精神风貌和行业发展趋向，让自己的语言能力能够跟上时代发展的步伐和行业发展的需要，避免故步自封、墨守成规。

五、分寸感

分寸感是指播音员、主持人通过对文字语言或节目内容的了解和把握，使有声语言的表达准确恰当、不温不火。分寸感要求播音员、主持人进行有声语言表达时，对所传达内容包含的政策尺度、内容主次、感情浓淡、态度差异、语体风格的区分等要恰到好处、分寸得当。

通常，一提起分寸感，就会想到政策分寸。无疑，政策分寸的把握在语言传播中是非常重要的。播音与主持的语言的分寸感涉及的范围很广泛，从词与词、句与句、段与段再到篇章、话题、节目，都有分寸感的把握问题。而要精准地体验生活和表现生活，还需要把握好艺术分寸。

总的来说，播音员、主持人对于文章和节目内容的把握与表达无时无刻不存在着各种分寸感的把握问题，需要播音员、主持人细致准确地掌控。

（一）政策分寸

政策是一个国家或政党为实现一定历史时期的路线而制定的行动准则。党的方针政策体现在我们现实生活中的各个领域，大众传媒更是无处不体现着国家的政策方针。播音员、主持人只有在平时及时关注国家大事，积极了解新观念、新政策，把握政策变化，才能在语言传播中对传达内容的政策依据、政策变化、新鲜点、针对性等作出快速准确的反应和恰当的表达。

方针政策是十分具体的，任何空泛的解读和笼统的言说都容易造成无关痛痒的效果。方针政策的具体，体现了明确的目的和所针对的问题，体现了基本的思路和采取的主要对策。这时，把握方针政策的分寸，就显得更加重要。

（二）态度分寸

态度主要表现为一个人对某件事情的看法。创作主体对所要表达的人、事、物持什么样的态度，是肯定还是否定，是赞扬还是批评，是歌颂还是贬斥等，都存在态度分寸感的问题。现实生活丰富多彩、纷繁复杂，我们不可能对所有的事物都是一个态度，需要作出基本的评价、判断和倾向。不同的播音员或节目主持人，面对同一人、事、物的态度也会有所不同，体现在有声语言表达中就会有"分寸感"的问题。我们将态度差异大致分为三个等级，即轻度、中度、重度。

当我们尝试用不同的分量来表达时，可以塑造出不同的形象或性格。因此，在表达时把握态度分寸，就不仅需要避免"见字出声"，而且需要根据上下文情节的发展、人物关系、人物性格等多方面进行揣摩体会，使有充分的心理依据，表达出恰当的态度分寸。在时政新闻里，特别是表达国家立场时，态度分寸的准确恰当尤为重要。

（三）语体分寸

报纸、广播、电视、新媒体等各种新闻传播机构常用的新闻语体主要包含三大类：一是以报道新闻事实为主的记叙体裁，如消息、通讯、新闻特写、访问记等；二是以阐述对客观事物的见解为主的论说体裁，如政府工作报告、社论、评论员文章、短评、述评和各种署名短论或言论等；三是新闻背景、新闻人物访谈等。各种语体在表现手法、结构和语言等方面都有各自的特点，在有声语言的表达上也应有所区别，应根据不同语体把握好分寸感。

一般来说，消息的表达应庄重朴实、清新明快，应该叙事准确清楚，态度分寸得当，语句紧凑规整，把握感而不入、语尾不坠的特点。新闻评论的表达则侧重于论述道理，语言表达要做到观点鲜明、逻辑严密、论述有力。还需要张弛有度、舒展从容，重点起句常高，论断语势多降的语流样式。

（四）表达分寸

有声语言的表达是否准确恰当，可以体现出创作主体的艺术分寸感水平。语言的规范度、声音的审美度、内容的明晰度、情感的准确度、沟通时的交流深度，以及有声语言的表现力、感染力，传播者的独特感受、表达习惯、播讲状态，就连一个重音是否准确，一个停顿或连接是否准确等，都会对艺术分寸是否恰如其分、恰到好处产生影响。要提高自己的艺术分寸感，绝不是靠一两个方法就能实现的，个人修养、人格、学识、语言能力等各方面都需要参与其中，语言传播主体要下大力气锤炼自己的语言功力，不断提高自己的语言表现力，使自己的表达分寸恰当、美不胜收。

六、亲切感

播音与主持的语言的亲切感是指创作主体在有声语言表达过程中言之有物，心中有人，以真诚平等的交流，营造和谐沟通的氛围，使人愿意接受所传播的内容。

广播电视的语言传播是有对象、有目的的传播，强调传播效果的最大化。如果它传播的东西不为受众所接受，那么所传播的内容就是无效的、毫无意义的。在语言传播过程中，面对不同受众的不同特点、不同需求，有声语言传播主体应去了解他们，满足他们，杜绝不顾受众特点和需要的自说自话、自我表现、假装亲切。传受双方是平等的，播音员主持人一方面要积极真诚地与受众交流，满足受众的愿望和期待；另一方面也要担当起社会责任，不能为了收听率、收视率满足某些受众不合理的需求，应避免媚俗，这样才能满足广大受众的需要。

亲切感并不是一种语言模式，低声细语、柔声软语不一定就具有亲切感。针对不同的内容、不同的对象、不同的语境，亲切感的表现方式都会有所不同。亲切感重要的是有的放矢、言之有物、态度恳切，使传受双方息息相通，形成和谐共振的氛围。

第三节 播音与主持艺术的属性

一、播音与主持艺术的基本属性

（一）语音发声性

1. 自然属性

（1）生理性

语音发声声源的振动靠的是人体的发音器官，即声带和共鸣腔。胸腔、喉腔、口腔、鼻腔都是共鸣腔。其中，最灵活的是口腔，口腔通过舌、齿、唇和软腭的变化而变化。鼻腔共鸣主要通过软腭的升降运动和声束冲击硬腭的不同位置来调节。

（2）物理性

通过人体发音器官这一声源的振动，引起空气的振动而产生振动波，这就是声波。

以上两者也统称为生理物理性。

2. 社会属性

（1）心理性

通过所表达的内容（包括事实、道理的说明阐释和思想、情感的表达抒发）来打动受众是播音主持语言传播的本质要求。语言的产生和接收理解的过程是人的心理活动过程。

（2）艺术性

播音员、主持人对内容形式把握程度的不同，表达技巧运用水平的不同，都会产生迥然不同的传播效果。怎样才能达到较好的传播效果呢？就表达而论，要求播音主持语言具备一定的艺术性。

生理物理性是表层形态，是基础。表层形态是指有声语言的语音层面。说它是基础，因为它既可以反映一般意义的浅层信息，也可以反映特殊意义的深层信息。心理性是内在实质，是目的。内在实质是说有声语言的表达，是以传受双方的共鸣为目的的。传受双方能否产生共鸣,主要取决于传播内容及播音主持创作主体的表达。艺术性是手段,这是因为有声语言表达的艺术性,首先是以播音主持创作主体对传播内容与形式的认识、理解为前提的,以主体表达的方式是否合适、分寸的把握是否恰当为创作准绳。如果没有掌握一定的表达手段和技巧,传播效果就会受到影响。因此,有了艺术性,播音主持创作主体才有可能使受众感受到语言的艺术美。

有声语言表达是否有标准?答案是肯定的。比如,音正语顺、表达流畅是一般要求,言简意赅、所言必中是创作要求,深入浅出、言近旨远则是美学要求。但无论是一般要求、创作要求,还是美学要求,都离不开语言表达的生理物理性,嗓音圆润、言语规范是大众传播的基础。

加强心理性探察、着力艺术性研究、通过生理物理性展现,三者缺一不可。只有三者结合,才称得上是有声语言创作,才有播音主持语言美可言。

(二)新闻性

从播音与主持的语音发声的属性、播音主持工作的创造性,可以认识到新闻性对播音主持的重要影响。播音员、主持人归属于一定的媒体,媒体的新闻传播性质决定了播音主持的基本属性是新闻性。

新闻是对新近发生事实的报道。强调新闻是对新闻事实的报道,一方面明确了新闻的公开传播性质,另一方面新闻的公开传播性质,决定了播音主持创作主体对报道内容的选择判断和价值取向,决定了播音主持创作主体必须寻找传播内容与受众的利益共同点。不论播音主持创作主体是否自觉,主观倾向性总是寓于对客观事实的叙述之中。但主观倾向性不等于主观片面性。新闻播音强调播音主持创作主体的主观态度,目的就在于客观、公正地报道新闻事实。

二、播音与主持艺术的核心属性

播音与主持艺术的核心属性是艺术性。狭义的播音与主持,特指播音与主持的创作主体(播音员、主持人)在话筒、镜头前面对受众(听众、观众、网民)进行语言转化(文字语言转化为有声语言、内部语言转化为外部语言)的创作活动。播音与主持的概念包含三主体一平台（简称语言传播"四要素"），即播音与主持创作主体、受众、稿件（稿件包括腹稿）、播出平台（话筒、镜头及其周围呈现的传播小环境）。

在这四个要素里，起核心作用的是播音与主持的创作主体。播音与主持的创作主体根据自己对稿件的认识理解，根据受众的兴趣愿望和需求，通过话筒、镜头这个播出平台，达到信息共享、认知共识、愉悦共鸣的传播目的。

这里，我们可以借用德国哲学家海德格尔有关"在场"与"不在场"这一哲学概念来观照播音与主持的艺术创作。如果播音员主持人本人属于"在场"，播音员、主持人的家庭环境影响、文化知识背景等就属于"不在场"；如果播音员、主持人通过有声语言和副语言所反映的内容属于"在场"，而构成这些内容的政治、经济、文化等社会各个领域、各个层面的因素就属于"不在场"。那些"不在场"的因素不断地积累和巩固着"在场"的基础，它促使播音员、主持人开阔视野、不断增长自己的学识、经验，以便能正确看待和把握主客观世界；同时，主客观世界不断发生变化，要想更好地呈现"在场"的内容，必须不断深入挖掘"不在场"的因素。播音员、主持人应基于"在场"又超越"在场"，让受众能够体会有声语言的信息层面和意义层面。

大众传播中的有声语言要有形态转化，由文字语言转化为有声语言，由内部语言转化为外部语言，才能构成创作过程。这说明，播音与主持是一种艺术创作，是一种文字语言和内部语言的转化活动。这种转化不仅仅是声音的转化，更是理性的提升，情绪、情感的转换。转化程度的深浅，取决于播音与主持创作主体自身的素质和能力。

第四节　播音与主持艺术的特征

一、音声美

"音声"和"声音"有什么区别呢？"音"字的第一个义项解释为"声音"，"声"第一个义项的解释也是"声音"。这样看来，二者并无根本区别。好像不过是位置调整了一下而已。但是,"声"和"音"在具体的语言环境里的使用还是有区别的,比如,说上音乐课与上声乐课就有区别。作者之所以称作"音声美"其实并无深义,只是觉得"音声美"的说法更突出了一个"音"字。当然,"声""音"在很多情况下是通用的,至于它们在构词使用方面的种种情况,很多大概与汉语约定俗成的特点有关。

音色是声音的特色,是由发声物体、发声条件、发声方法决定的。每个人的声音以及钢琴、提琴、笛子等各种乐器所发出声音的区别,就是由音色不同造成的,也叫音质不同。

解释"音质"时,第一义项同"音色",第二义项是"传声系统(如录音或广播)上所说的音质,不仅指音色的好坏,也兼指声音的清晰或逼真的程度"。我们讲某人说话或唱歌的声音好听,一般主要是针对他的音质或音色而言的。一般来说,音质的优劣特征具有先天性,后天进行改变是十分困难的。后天的技术、技巧可以通过刻苦的学与练而习得,但是先天的"音色"是可遇而不可求的。

音质、音声的美与不美有什么衡量标准呢?可以说没有,也可以说有。说没有,是因为它是难以量化的,不可能有一个固定的统一的标准付诸实际操作;说有,是因为对美的感受、判断、鉴别、理解具有超越时空,超越阶级、民族、社会人群,超越意识形态等的特点。在戏曲、曲艺、音乐、绘画、书法等领域中,那些被奉为大师的代表人物,他们头上的光环、大师的头衔不是花钱买来的,而是在比较中鉴别、在众声喧哗中被发现,经由历史的淘洗、业界及欣赏艺术的普通大众共同形成的社会共识。所以,不能因为没有具体的标准就否认音质和音声具有高下、精粗、美丑的差别。这种社会共识是建立在判断者审美直觉的基础之上的。

当我们从广播里听到一位播音艺术家的播音或朗诵时,就会被那富有美的魅力的声音吸引、感染、征服;当我们观看戏曲表演时,不一定听明白那些戏曲名家的唱词,但是仍会陶醉在那无比优美动听的唱腔之中。音声之美,是可以给人一种"此曲只应天上有,人间难得几回闻"[①]的审美愉悦。

音色好只是提供了一个前提条件,并非音声美的全部。音声美还要由人控制、

---

① 王建忠. 杜甫诗赏析[M]. 北京:商务印书馆国际有限公司,2021.

掌握和运用科学的发声方法及表达技巧。比如，对胸腹式联合呼吸方法和口腔控制要领、吐字归音要领、共鸣要领的掌握；对声音弹性的把握；对停连、重音、语气、节奏的把握等。只有在这些方面处理得好，才具有完整意义上的音声之美。把这种有声语言外在美的表现归纳为音韵铿锵、掷地有声；刚柔相济、酣畅淋漓；平仄相间、抑扬交错；缓疾有节、强弱互补；明暗相映、浓淡对比，显示出悠长的韵味与声音的悦耳动听。

音韵铿锵、掷地有声是指发音准确到位、清晰明亮，音质优美纯净，有金石之声。酣畅淋漓是指辩证地处理好情、声、气之间的关系，以气托声、以声传情、声情并茂、舒卷自如。刚柔、平仄、抑扬、缓疾、强弱、明暗、浓淡等均属于双方对立统一、互相区别又互相依存、互相转化，能够依据情感内容变化的需要结合起来运用，做到自如性与控制性相统一，规整性与多样性相统一。刚柔等范畴的两极区别是明显的，交替变化使用的目的有两个方面：一是适应情感内容变化的需要；二是避免因声音语气、语调、语势的单一产生审美疲劳。同时，两极之间又无截然的分界，而是有若干个过渡的阶梯，这就为选择提供了充分的空间，为声音的变化提供了无限丰富的可能。比如，缓疾、强弱、明暗、浓淡等都是有度的，缓到何种程度、疾到何种程度，完全取决于表达的需要和传者的掌控。不同的传者有不同的理解和不同的语言表达功力，于是就有了优劣、精粗、高下之别。

音声虽然具有形式美的独立性价值的一面，但是它毕竟是依附于特定内容的表达，它们的关系是内容决定形式，形式为内容服务，又反作用于内容。所以，音声的使用要从语材的实际出发。

以内容体裁为例。在文艺作品演播中，政治抒情诗一般在表达上要充满激情，声音饱满，在音高、音强、音长方面要比较丰富，节奏起伏变化较大，多用层层推进的表达方式来宣泄内心的激情。而一些朦胧诗、哲理诗的表达，在处理上应要求声音的稳定，声音、节奏等对比幅度一般不大，语速较缓，多停顿，以引发听众思考、体悟诗义的内涵。爱情诗的表达可以声音柔美、情感细腻，音量不宜过大，声音也不宜过高、过强，以利于表现作品的内在情致。对于有情节内容的叙事诗，则应该读得自然和真挚，既要有诗的基本节拍，也要具有讲述的自然感，节奏随着内容、情节的变化而多变。散文多为第一人称叙事，具有亲切、真实、自然的特点，或如家人围炉夜话，或如好友书斋谈心，或如道边席地而坐与恋人倾诉衷肠等。散文的写作角度、写作方式决定了它的表达特征，不应是强烈多变、大起大落的语言样式，而是如淙淙流淌的山泉，不择地而出、随物赋形、自由奔涌。在演播时，对声的表达要轻柔化，表现为声低、语轻、内在、细腻、真挚，语流舒缓，点染得体，在不动声色中给人以美感享受。小说是以叙述事件、塑造人物为宗旨的。在演播过程中，叙述语言宜用中速，采取较为客观、平静的方式处理；而演播人物语言时，就应依据人物的身份、性格及所处情境，处理得活灵活现、情浓意切、栩栩如生。二者也不能截然分开，叙述语言本身也有快慢、高低、刚柔、明暗等不同节奏与情感色彩的变化，也有传者感情的渗入，这是不言而喻的，所以处理应据内容而定，不可偏执。有时，根据情节的需要，还需要加入一些声音的模仿，使人物形象、环境描写更加生动逼真，从而给人以身临其境之感。

实际上，音声美的制约因素还有多个方面。因此，播音员、主持人在追求音声之美的时候，不能让声音形式游离于表达内容，而是要让声音形式和传播内容融为一体，成为表达内容的"有意味的形式"，这才具有真正的审美价值。凡是有色彩的声音，一旦与语言内涵紧密结合，就会生发出吸引人的魅力，而只要陷入声音表面的追求的误区，就会走到美的反面去。

二、意蕴美

艺术作品是内容与形式的化合物，内容与形式是不可剥离的。内容的核心就是意蕴，艺术作品的意蕴，也就是艺术作品的精神内核、灵魂和发光发热的能源。它在艺术作品中并不单独、直接地显露在外，但是又在作品整体的每一部分都可以发现它的踪影。如果把意蕴比作能源，那么它会凭借着形象、情节、结构、语汇，凭借着各种外部呈现方式，渐次获得实现。

如果把艺术作品比作火，把艺术创作比作燃烧，那么确实有不少艺术家只注重光的呈现而忘却热的散发。光，抖动着，跳跃着，闪烁着，直接映入人们的眼帘，以最明晰的形态显示着火的存在，但它毕竟不等于火的全部。艺术，不应该仅仅满足人们的观赏需求，还应该给人带来热量。光的意义，在于它蕴藏着热，它要让距离近的人受到烛照而随之发热，让距离较远的人也能获得温暖。在伸手不见五指的荒山野岭，一星火光，之所以给旅人带来极大的欣喜，是因为它预示着暖融融的房舍、热腾腾的火炉。如果旅人到近前一看，只见几朵幽蓝的磷火，则一定会大失所望，只能抬起头来，重新寻找真正的火光。当然，不呈现为光亮的热能也是有的，但是它大多只具备物理学上的意义，而缺少全方位的审美价值。艺术之火，要以摇曳多姿的形态腾空而起、烈烈扬扬，来吸引在黑暗的长途和波浪中迷路的人；但是这种光亮由热而生、凭热而燃。因热而取得更完满的自身意义。不言而喻，我们所说的热，是指能够温暖千万人心的内在意蕴，是指蕴藉于艺术生命体内的精神能量。

意蕴既然是由艺术形式包裹着的内核，文字只是透露出意蕴的部分信息，那么如何运用有声语言，即人文精神音声化的方式准确、完整地把握，并充分地把这意蕴展示出来，就是播音与主持的一项重要任务。

首先，播音员、主持人要透过作品的文字层面深入探寻作品的立意、主旨、作者意图，以及作品所传达的思路、情感。从字词句到段再到篇，厘清作品的结构层次和逻辑关系，即由局部到整体，然后再由整体到局部，弄清局部在整体中的位置与作用以及部分与部分之间是怎样的关系，作者的思路是什么，是怎样的风格，隐藏在语句背后的弦外之音、言外之旨是什么等。把握意蕴是展示意蕴的前提，把握这个环节做得如何关乎展示的成败。这个过程对播音主持来说，就是备稿。

播音员、主持人着重要掌握的是内容而不是形式，所以，前提是要对内容做好充分的准备。如果不仔细认真备稿的话，念出来的只能是字而读不出意思。现在从记者、编辑到播音员、主持人都不重视备稿，拿到稿子就播，是目前不少节目的运行机制。有人认为对于稿子一遍不看、播出去一字不错才是真本事，提前看稿是没有本事的。这是一种把对没有任何准备的生活常态的表达等同于贴近实际、贴近生活、贴近群众的错误认识。由于备稿不认真、不充分，现在的播音对于稿件的表达仅仅停留在表面，因此，播得不深的问题非常严重，特别是对于中央的方针政策以及外交活动中的深度、分寸，很多播音员不能在节目中恰切地体现出来。

其次，播音员、主持人还要掌握、了解受众的情况，包括受众的特点、审美需求。然后结合节目的特点、要求，自己的条件以及对文本的理解，设计表达的语气、策略、风格、方式等。

对于有稿播音来说，这是一种再创作的过程，是人文精神音声化的具体操作。它需要传播者具有较强的语言表达功力，有饱满的创作热情，状态上松弛而积极，有活力又可控制，有相应感情的投入，发挥创造性思维的能力。音声化不是字变音的简单变化，同样一个字、一个词、一个句子，可以变成多种声音形式。既可以是肯定的，也可以是否定的；既可以同义同向，也可以反义异向。能否正确并且到位地把文本固有的内涵充分表现出来并"锦上添花"，对于不同的传者来说会有差异，甚至有很大的差异。想一想，同样是演老舍的《茶馆》，为什么北京人艺的成功演出是别的演出单位无法企及的？剧本可是完全相同的。可见，语言传播和文字传播是不同的，它有自己的规律。语言传播具有流动性，它使一个一个的字互相衔接转变为一层一层的意思，完整地、有层次地表达出来，词语晓畅、主次分明、逻辑清楚，无违拗、不生涩，听来是真正的活语言。语言传播具有确定性，要求每一个字词的含义在具体语言环境中都表达确定的语意，不含混、不模糊，态度明朗，感情恰当、丰满。成功的播音员、主持人的艺术创造，总是以传达意蕴为目的，点燃艺术之火，以摇曳多姿的形态腾空而起，烈烈扬扬，传递着由热而生的温暖和光亮；总是遵循有声语言的规律，在另一角度完成对文字作品的超越，让人由衷地感叹"三分文章七分读"。

对于无稿播音、现场主持来说，要在事前充分准备的基础上，发挥敏捷的反应能力；深入现象洞察事物本质的能力；逻辑思维、形象思维、创造性思维综合运用的能力；迅速组织词语准确表达的能力；熟练地运用副语言辅助表达的能力，随后进入创作过程。不仅能出口成章，而且言必及义、语必中的；丰富凝练，余味曲包；睿智机警、雅俗共赏，使观众在美的享受中醒脑开智。

三、意境美

意境是我国抒情性文学作品最重要的审美范畴之一。早在唐代，诗人王昌龄在《诗格》中就明确提出诗有三境:"一曰物境,二曰情境,三曰意境。"[1] 物境,即自然景物;情境,指喜怒哀乐的情感与心绪;意境,指作者运用想象和虚实结合的手法所创造的情景交融的艺术真实。《诗品》作者司空图则强调"韵外之致""味外之旨""象外之象,景外之景""不着一字,尽得风流"[2],揭示了意境含蓄蕴藉和发人想象的美学特征。由宋至清,是意境理论的成熟发展期。千百年来,中国的古典诗词、书法、绘画、音乐、戏剧、建筑、园林等艺术都十分重视意境,人们在艺术创作、艺术欣赏和文艺批评中都把意境作为衡量的重要标准之一。

意境是意与境的和谐统一。"文学之事,其内足以摅己,而外足以感人者,意与境二者而已;上焉者,意与境浑,其次或以境胜,或以意胜。苟缺其一,不足以言文学。"[3] 也就是说,意境是由意与境两个方面的要素构成,是意与境的融合、渗透而浑然一体的。它是作者主观世界与外在客观世界的高度和谐统一。意,包括情与理,即作者主观的感受、情感,以及对客体对象的理解、认识两个方面;境,又可分为形与神,即客观事物的状态、外在形貌、特征和内在精神两个方面。从意境的内在结构来看,它是情、理与形、神对应或交叉的多个层次的交融统一。艺术作品虽以客观物象为依托,但是艺术的表现不是照相,其间蕴含着作者的感情、意蕴、思想见地、人生感悟和人格理想,乃至胸襟气象等。意境创造强调描写对象的蕴情,遵循的是表现内容情感的逻辑与想象的逻辑。

意境借助意象。意象通常是单一的事物形象,而意境则一般由若干个意象组成,是物象与物象之间多重复合联系所构成的一种虚实相生的图境、场景、画面、氛围、韵味和情调。比如,元代戏剧家马致远的《天净沙·秋思》:"枯藤,老树,昏鸦。小桥,流水,人家。古道,西风,瘦马。夕阳西下,断肠人在天涯。"[4] 短短28个字,却有12个意象。这12个意象,色调相似、情调相近,共同营造了一种游子背井离乡、孤旅天涯、辛苦奔波的愁苦悲凉的氛围,展示了主人公特定的生活状态和充满无奈的人生命运,从而激起读者丰富的联想、想象,以及对社会、人生的思考,产生一种悲悯的人生情怀。这样,众多意象因作者独具匠心的

---

[1] 萧秀. 韵海拾珠:中国古体诗词独特神韵赏析下 [M]. 北京:东方出版社,2019.
[2] 司空图. 二十四诗品 [M]. 罗仲鼎,蔡乃中,译注. 杭州:浙江古籍出版社,2018.
[3] 王国维. 人间词话 [M]. 沈阳:万卷出版公司,2018.
[4] 仁子. 中华千古名句 [M]. 济南:山东教育出版社,2019.

选择与组合，使原有意象由于这种特殊组合产生出一种新意象，成为包含新意蕴的特殊结构。读者在欣赏作品时，会从单个意象出发，进行一种积极主动的心理活动，发现意象间的复杂联系，将上述意象进行整合，进入由作品的特殊结构提供的富有张力的心理场，从而产生思想感情的强烈共鸣。这，便是意象与意境的魅力。当然，这需要欣赏者以人生经验、生活阅历、文化积淀、鉴赏能力为基础，才能在反复品味中不断抵近作品的核心，领略意境之美。

寓虚境于实境是创造意境的重要途径之一。实境，是指众多意象及由它们共同构成的整体的境，是可以直接感知的。虚境，指与作者已经提供出来的实境有某种必然联系的想象境界，以及蕴含、交融在实境中的、作者所要表现的特定情思和人生感悟，这是间接可以感知到的。严羽在《沧浪诗话》中说："故其妙处，透彻玲珑，不可凑泊，如空中之音，相中之色，水中之月，镜中之象，言有尽而意无穷。"[1] 严羽所谓"不可凑泊"，是说诗的妙处难以直接把握，"凑泊"乃会合之意。司空图所说的"象外之象，景外之景"[2]，第一个象和景是指艺术作品中所具体描绘的实境，第二个象和景则是指存在于实境之外而又借助于实境的比喻、暗示、象征等修辞手法呈现在想象之中的虚境。也就是严羽所说的"空中之音，相中之色，水中之月，镜中之象，言有尽而意无穷"[3]，这是一个似有实无、似无实有、若有若无、虚实难分的境界。

创造意境的另一种途径是化情思为景物。在意境优美隽永的抒情作品中，"一切景语皆情语也"[4]。文艺作品中的"一切景物"，是经由作者精心选择的，是具有美学价值的，是浸透了作者审美情感的。"但愿人长久，千里共婵娟"[5]，这明月（婵娟）是幸福美好的象征，而在老舍的名篇《月牙儿》里面的月亮却是苍白的、阴冷的、孤寂的，甚至有一种恐惧感。在马致远的笔下，枯藤、老树、昏鸦成为重要的审美对象，是诗中意境的重要组成部分。如，李白《早发白帝城》："朝辞白

---

[1] 严羽. 沧浪诗话评注 [M]. 陈超敏，评注. 北京：北京联合出版公司，2015.
[2] 司空图. 二十四诗品 [M]. 罗仲鼎，蔡乃中，译注. 杭州：浙江古籍出版社，2018.
[3] 同[1]
[4] 王国维. 人间词话 [M]. 沈阳：万卷出版公司，2018.
[5] 苏轼. 苏轼诗词全鉴 [M]. 东篱子，编译. 北京：中国纺织出版社，2018.

帝彩云间,千里江陵一日还。两岸猿声啼不住,轻舟已过万重山"[1]。此诗创作于唐肃宗乾元二年(759)春天,李白因永王李璘案,被流放夜郎,取道四川赴贬地。行至白帝城,忽闻赦书,惊喜交加,旋即放舟东下抵达江陵时,抒写了当时喜悦、畅快的心情。首句,"朝辞"点明出发时间,突出一个"早"。流放突然间遇赦,如同出笼之鸟重获自由,急切返回。"彩云间",一言白帝城地势之高,二应早晨景色,显示出从晦暝转为光明、曙光初现的大好气象,暗含心情之兴奋。次句"千里江陵一日还",以"一日"与"千里"的悬殊作对比,形容时间短暂。俗话说"度日如年",指的是岁月难挨而漫长;感到短暂,无疑透露出遇赦的喜悦。第三句"两岸猿声啼不住",此处通过前后猿声连成一片的情形写舟行之速,表达心中的快意。结句"轻舟已过万重山",呼应"千里江陵一日还",既符合顺流而下,船行轻如无物、飞驰似箭的实情,又暗喻心情的轻松、喜悦。全诗没有一个喜字,而喜悦之情又无处不在。全诗句句写景,而又句句含情,这就是意境。此时读来有一种锋棱挺拔、空灵飞动之感,洋溢着诗人在厄运结束之后突然迸发的一种激情,于雄峻迅疾中,又有一种豪情欢悦,令人玩味而百读不厌。

文学艺术是一种语言艺术,书面语言是它的形式,汉字是它的符号载体。文学语言是从口头语言提炼而来的,对口头语言做了选择、锤炼和艺术加工,既保持了口语的生命活力,又较口语更加精粹、规范和具有艺术表现力。所以,文学艺术作品的语言是书面语言的代表,这是没有疑义的。

播音员、主持人的声音传播,一方面直接脱胎于日常口语,保持着生活语言的某些特征,另一方面,它又有自己的职业特点,不能停留在生活口语的原生状态层面,必须实现规范化与艺术化。受众并不满足于信息的一般性接收,而是进一步提出了审美化的要求,这是一种合理性的要求,也是逻辑的必然。

从人民广播诞生之日起,新闻播音与文艺作品演播就是它的主体,至今仍未有根本性的变化。新闻播音主要是有稿播音,书面作品是它的依据。在新闻作品中,通讯、特写,尤其是报告文学,它们的文学性都是极强的,它们是新闻性与文学性的统一。至于文艺作品的演播,依据更直接的就是文学作品本身。优秀的文学作品追求优美、深邃的意境,播音员、主持人就理所当然地有责任发挥有声

---

[1] 李悦中. 经典诗词墨书小集[M]. 北京:北京燕山出版社,2014.

语言的优势,把作品中创造的审美意境,更加生动感人地展现出来。文字符号是静态的,声音是动态的;文字符号是抽象的,有声语言是具体可感的。一句简短的问候语"你好",在书面语言里,说话人的态度、情感的表现具有模糊性;但是在有声语言的表达中,可以是热情的,也可以是应付性的,甚至是冷漠的或具有反讽意味的。因此,有声语言艺术塑造的空间非常大,在某些方面具有书面语言不具有的特殊优势。所以,播音创作并不是对作品本身意境的机械复制,而是以其为依据、具有能动性的新创造。

声音形式的美学意义要求播音中的有声语言富有艺术魅力,体现一定的审美理想,使广大听众、观众在审美中获得多方面的审美享受。普通话具有巨大的美学优势,辅音和元音的简洁清晰、声韵结合的精妙响亮、声调变化的参差错落、语句的起伏跌宕、体裁的色彩纷呈,真是气象万千、美不胜收。这又使播音的有声语言在表情达意、言志传神的过程中充满了韵律美,强化了意境美,体现出了中国人民的作风和气派,造就了中华人民共和国的播音风格和有造诣的播音员的个人风格。这个欣赏层次,使播音语言内涵与声音形式的变化进入有机融合的深处,使广大听众、观众在有限的时间里进入无限的空间,既获得众多的信息,又获得情操的陶冶,觉得信息是美的,信息显示的大千世界也是美的。那声音欣然走进敞开的心扉,息息相通,没有滞碍。这是一种境界,是播音艺术的最高境界,是广大听众、观众欣赏的最高境界,是创作者与欣赏者达到的一种默契。这就是我们把文艺创作中的意境理论与实践引入播音主持创作中的理论依据。这段文字概括了播音创作有声语言的创造优势,强调了对意境美的强化,提出了以少总多、以有限提供无限、把播音语言内涵与声音形式的变化有机融合的创作要求。

文学通过描绘形象表达思想感情,往往要有意境的创造。这种主观情意与客观物境相互交融而形成的艺术境界,对于抒情性作品来说更为重要。文学播音既然是对原作的再创造,理应表达出生动的意境。播音的意境是播音员运用有声语言,依据稿件再造的特定形象及其引发出来的某种情趣、意味、想象、联想的总和。它在播音创作与欣赏中,表现为实境与虚境的统一。它的实境是有声语言再造出来的特定形象,即一种既真且美、虽少而精、导向力很强的画面,具有能感触或捉摸的特性;它的虚境是由特定的形象引发出来的情趣、意味,以及某种想象、联想，具有一定的空灵性，能意会但难以言传。

对播音意境的创造首要的也是最重要的是备稿。广义的备稿是平时长期在各个方面的修养与积累，以"厚积"为"薄发"做准备。如果没有这种雄厚的积累，播音创作就失去了底气，接到具体的播音任务，如果时间有限，必然匆匆为之。例如，演播杜甫的《闻官军收河南河北》，倘若平时对杜甫的生平、经历、性格、抱负、创作风格，及所处时代背景等均较熟悉，那就会节省大量用来对文本进行深入解读的时间。反之，就诗论诗，理解与表现就容易较为肤浅。狭义的备稿，就是对具体文本进行揣摩、研究以至吃透，入其内而又出其外。从字、词、句、段、篇入手，把握其思想感情内涵、主旨立意、内在逻辑线条、色彩基调、表现风格、语言特色等。在反复体会、理解、螺旋式推进的过程中，捕捉其言外之意、弦外之音、象外之旨。这是一个由局部到整体、由感性到理性的反复循环的过程，它需要演播者的审美素养、知识能力作支撑。在这个基础上，就可以设计有声表达各种要素的调配与使用策略、方式方法了。备稿越充分、越到位，成功的可能性就越大，这样才能进入胸有成竹、情绪饱满、从容自如的理性创作状态。有人说，备稿所投入的时间、精力要高于创作本身的数倍，这是十分中肯的。当然，由于某些特殊情况，给备稿留出的时间极短，甚至来不及先看一遍，那就要看播音员平时打下的功底了。即使在这种情形下不乏成功的例子，也不能作为无视备稿重要性的理由，那些优秀播音员的创作实践都充分证明了这一点。文学稿件如此，新闻稿件也是如此。在新闻播音的创作过程中，播音员面对文字内容，从分析、理解到感受，随着内容的发展一点一点积聚，思想感情不断深化，再加上有了对象，头脑中对稿件加以情景再现，并调整好内在语，迸发出带有思想感情的有声语言，就会创作出符合稿件要求的播音作品，这是正确的话筒前创作状态，是播好新闻稿件的基础。

播音创作的核心是感情。一方面，感情的直接来源就是在研读作品时激发起来的共鸣。对作品入之愈深，激发出来的感情愈真挚、愈充盈。这就如充电一样，没有强劲的电力就无法"放电"。比如，演播陆游、辛弃疾的爱国主义诗词，播音员本身就必须具有强烈的爱国主义思想。但这种思想情感在平时状态下是静态的、隐性的，一旦面对作品，就立刻会被激活并形成一个动态系统，变成"临战"

状态。另一方面,这种情感不可以赤裸裸地直接宣泄、毫无顾忌,它需要贴合作品的风格、基调,以及节奏、旋律的变化;要把握情感的类型、烈度、浓淡,把情感渗入诗中的景象、词句中去,融情于景,水乳交融,含蓄蕴藉,发人联想,令人回味无穷。

抒情离不开景物,那就需要运用有声语言去刻画景物,摹状传神,让景物活起来,让受众如临其境。由于播音员情感的浸润、渗透,情景互生,二者已浑然一体。这样,有声语言才能出色地完成意境的创造,在作品与受众之间成功地架起一座桥梁,把作者、传者、受众的心灵紧紧地联系起来,与受众一起步入理想的审美境界。

方明是我国播音界一位声名卓著的播音员,他在营造意境方面有过许多堪称典范的案例。譬如,他朗诵李白的长诗《梦游天姥吟留别》时,为了烘托出神仙洞天的世界,一开始就银瓶乍迸般地渲染了横亘天际、势拔五岳的天姥山巍峨博大的气势;进入梦境之后,他又用色彩丰富多变的语气层层推出飞升、登天、熊咆龙吟、列缺霹雳、丘峦崩摧等一幅幅令人讶异、惊悚又迷离恍惚的画面,铺展了神奇的背景。之后,他着力描绘神仙出场的画面,用壮阔舒展的语气,活现出众神奔赴仙山的热烈场景,以及金银台与日月交相辉映、异彩缤纷的景象。他的朗诵,使人宛如置身神仙世界,飘飘欲仙;又像在观赏一部神奇的童话影片,令人陶醉迷恋,乐而忘返。在全诗结尾处,他抓住"安能摧眉折腰事权贵,使我不得开心颜[①]"一句加以强调、点化,使全诗意境浑然天成,熠熠生辉。他用写意传神、烘托、点化等方法,刻画了李白豪放飘逸又傲岸不屈的性格,把诗人在诗中表现出的向往美好理想和憎恨丑恶现实的思想感情充分揭示了出来,意境雄浑而高远。

[①] 马玮. 李白诗歌赏析 [M]. 北京:商务印书馆国际有限公司,2017.

第五节　播音与主持艺术的功能

一、社会功能

（一）政治功能

广播电视工作的根本宗旨是为人民服务。因此，广播电视的功能，一言以蔽之，即服务功能。服务功能是个大概念，涵盖了它的所有功能。为社会主义政治服务，便是其中应有之义。中国共产党是中国特色社会主义事业的领导核心，因此也是中国特色社会主义事业的政治核心；它坚持的是全心全意为人民服务的宗旨；代表中国最广大人民群众的根本利益，而没有自己特殊的利益。因此，新闻宣传机构的功能定位、性质定位是党、政府和人民的喉舌。"喉舌"的含义，一方面，指它要及时、准确、全面地宣传党的路线、方针和政策，以及党在特定历史时期、阶段的中心任务；另一方面，又要及时、准确地反映人民群众的意见、要求、愿望和呼声，发挥党密切联系人民群众的桥梁、纽带作用。认可这一定位，就应在工作中旗帜鲜明地坚持党性原则。

党和政府高度重视新闻机构的舆论监督作用，予以坚定的、大力的支持，这种新闻舆论监督的政治效果、社会效果越来越明显，因此，也得到了人民群众的欢迎和充分肯定。作为大众传播媒介，应该认真研究怎样当好"喉舌"，为维护国家利益，为更好地发挥其不可替代的社会功能，起到正确引导的作用。

在广播电视传播中，播音员、主持人处于前沿、中介和纽带的地位，作为语言主体拥有话筒前的话语权力。话语权是党、政府和人民赋予的，这个"权"指的是支配力量而非利益享用，话语权运用的正确与否与运用的好坏关系重大。电子传媒具有广大的覆盖面和巨大的影响力，传播者的政治素质要高，党性要强，既要防止话语权力的滥用，又要克服话语权力的疲软；作为行使话语权力的公众形象，要敏于应对，长于表达，善于驾驭，精于传播，无愧于党、政府和人民"喉舌"的称号。

我们强调政治功能，更需要考虑政治功能如何才能圆满地实现。语言传播一定要力求艺术性地进行，不要把个人变成时代精神单纯的传声筒，而应该更加"莎士比亚化"，这样就能够在高得多的程度上用最朴素的形式把现代的思想表现出来。政治宣传，不能等同于政治口号和政治纲领，也不是政治说教，它需要有生动活泼的艺术形式，有新颖的、创造性的表达。就是播读政府文件、社论时评、法令法规，也有一个音声美不美，以及情绪是否饱满，语气、节奏、分寸感运用得好不好的问题。达到了审美的层次，就能够使受众产生愉悦、共鸣，就能使信息传播入耳、入脑、入心，实现最佳的政治传播效果。所以说，政治功能与审美功能有区别，但又是互相联系、互相依存的。播音员、主持人明白了这一点，就应该在语言传播中保持鲜明的政治态度和饱满的政治热情，充满政治自信、制度自信、文化自信，同时，努力提高语言的艺术表现力，不辜负党和人民的重托。

（二）传播功能

大众传播是一个大规模的信息传送过程，在这个过程中，职业化和组织化的传播者出于各种目的，利用媒介系统广泛、迅速、连续不断地发出讯息，传递给人数众多、成分复杂的受众。信息全球化的浪潮推进了媒介产业的发展，并使大众传播在人们的日常生活中发挥着举足轻重的作用。随着社会的进步、科学技术的发展，大众传播面临着传播范围的国际化、传播环境的复杂化，以及受众选择的多样化和随之而来的竞争白热化，这一切均要求传播观念不断更新、传播效果不断提升、传播功能不断优化。认识大众传播的基本功能，目的在于使一个社会系统的适应与调整的结果更有利于发挥正面功能，减少负面功能。

传播是播音主持艺术最基本的功能，而新闻传播又是传播的最主要内容。随着经济的发展、科技的进步、全球化进程的加快、交流的频繁，人们对新闻传播的关注越来越多。国际风云变幻、世界重大事件的发生、各种国际活动等都是人们关注的，上至政府高官，下至平民百姓无不如此，从街头谈巷议到公园散步的退休老人，随时随地都能感觉到国际视野的普遍存在。

人民群众对国内乃至本地区内新闻信息的关注就更不用说了。包括地震等一些重大灾情的发生，都是广播电视在第一时间发布信息，并在抗灾、救灾的过程中发挥了不可替代的作用。我们各级电台及电视台的播音员、主持人有许多令人肯定和感动的突出表现。同时，通过新闻传播还凝聚了党心、民心，展现了社会主义制度的优越性，弘扬了一方有难、八方支援、团结友爱、勇于自我牺牲的民族精神。每次党的全国代表大会的召开，一年一度的全国"两会"的召开，都引起了全国人民的高度关注，普通群众可以通过广播电视了解国家各方面的发展进步，以及中央关于国计民生的重大决策，也可以了解与自己日常生活息息相关的种种信息。

刘卓以罗京为例，这样写道："2008年汶川特大地震，不论是规模空前的生死大营救，还是历经险阻的千里大营救；不论是处处涌动的爱心大奉献，还是一方有难、八方支援的社会主义大协作，这一切，都让全世界看到了中华民族风雨同舟、生死与共的强大合力，看到了在中国共产党的领导下全体中国人民抗震救灾、重建家园的精神和决心。罗京通过自己的专业表达，大力弘扬了抗震救灾精神，大力宣传了在抗震救灾当中涌现出的先进思想和模范事迹，并以饱满的情绪去感染大家，使之转化为自力更生、艰苦奋斗、重建家园的坚定意志。在那个举国同悲的时刻，所有人心中都蕴藏着无尽的悲哀，罗京用自己的表达方式鼓舞了所有人战胜自然灾害的勇气，坚定了他们的信心，他鼓励大家众志成城，努力走出悲伤的情绪，在受众中产生了强烈的共鸣。他的表达质朴而不失儒雅，语气深沉有力、坚定自信，充满感召力。"[1]

播音员、主持人在信息传播的过程中，要在真和善的基础上抵达审美层次。真，坚持真实的身份、真诚的态度、真实的信息、真挚的感情、真切的语气；善，要与受众心相连、情相通，要体现人文关怀；美，要做到声情并茂、形神兼备、有的放矢、控纵自如，有比兴、有语境、有灵性、有顿挫、有抑扬、有分寸，也就是达到传播功能与审美功能的和谐统一。

当然，新闻传播是大众传媒的主要功能之一，但并不是它的全部。因为通过播音主持为主要传播形式的信息传播，其内容是十分广泛的，如政治、经济、文化、艺术、军事、科技、体育、社会生活等各个方面，既有新闻性的，也有知识性的、娱乐性的，包括意识形态领域里的文化传播等。播音主持负载着传播功能的重任，在社会的稳定、民族的团结、人心的凝聚、时代的进步等方面发挥着十

---

[1] 刘卓. 罗京现在开始播音[M]. 北京：中国传媒大学出版社，2019.

分重要的影响。对于这一点，每一位从业者都应保持十分清醒的认识。

（三）引导功能

党的十八大报告指出："要深入开展社会主义核心价值体系学习教育，用社会主义核心价值体系引领社会思潮、凝聚社会共识。推进马克思主义中国化时代化大众化，坚持不懈用中国特色社会主义理论体系武装全党、教育人民，深入实施马克思主义理论研究和建设工程，建设哲学社会科学创新体系，推动中国特色社会主义理论体系进教材进课堂进头脑。

"广泛开展理想信念教育，把广大人民团结凝聚在中国特色社会主义伟大旗帜之下。大力弘扬民族精神和时代精神，深入开展爱国主义、集体主义、社会主义教育，丰富人民精神世界，增强人民精神力量。倡导富强、民主、文明、和谐，倡导自由、平等、公正、法治，倡导爱国、敬业、诚信、友善，积极培育和践行社会主义核心价值观。牢牢掌握意识形态工作领导权和主导权，坚持正确导向，提高引导能力，壮大主流思想舆论。"①

从上述引文来看，十八大报告两次使用了"引领"一词，一次使用了"引导"一词，明确指出"引领""引导"的内容、任务、目的和重大意义。

文艺是铸造灵魂的工程，承担着以文化人、以文育人的职责，应该用独到的思想、润物无声的艺术熏陶启迪人们的心灵，传递向善、向上的价值观。广大文艺工作者要做真善美的追求者和传播者，把崇高的价值、美好的情感融入自己的作品，引导人们向高尚的道德聚拢。在新的时代条件下，党的新闻舆论工作的职责和使命是：高举旗帜、引领导向，围绕中心、服务大局，团结人民、鼓舞士气，成风化人、凝心聚力，澄清谬误、明辨是非，联接中外、沟通世界。

一个时期以来，《见字如面》《中国诗词大会》《中国汉字听写大会》《中国成语大会》《朗读者》《经典咏流传》等现身荧屏，在全国观众中引起了强烈反响。有人觉得，由于前一时期观众的精神文化生活被大量的娱乐充斥，已然到了审美疲劳的地步，因此，有一种沉下心来呼唤文化的趋势在渐渐形成。如今，强烈的

---

① 胡锦涛. 坚定不移沿着中国特色社会主义道路前进 为全面建成小康社会而奋斗——在中国共产党第十八次全国代表大会上的报告[J]. 前线，2012(12):6-25.

娱乐饥渴渐趋式微，人们不再满足于娱乐的狂欢，开始回头寻找有价值的精神生活。因此，不妨谨慎乐观一些，真正有文化价值的好节目早晚还会成为主流。优秀的文化类节目，必将改变中国人的精神面貌。

综上所述，广播电视播音主持担负着重要的引导功能，而引导要和审美相结合，才能产生春风化雨的效果。

（四）认知功能

广播电视语言传播在达到信息共享的基础上，还要实现认知共识的目标。

认知共识主要是指我们的语言传播中必然包容理性的内涵，并要在人生观、世界观、价值观的走向、取向上，进行体认、理解、沟通和同构。

对于语言传播，人们不满足于听到你说了什么，还要了解"为什么说"等言说背后的弦外之音、言外之意，即俗话说的"锣鼓听声，听话听音"。北宋文学家苏轼在《答谢民师书》中说："夫言止于达意，即疑若不文，是大不然。求物之妙，如系风捕影，能使是物了然于心者，盖千万人而不一遇也，而况能使了然于口与手者乎？"[①]

有声语言传播以其科学精神的阐发、人文精神的关怀吸引受众、感染受众，而科学精神的真谛、人文精神的奥秘常常不在词语表层，而是潜藏、蕴含在词语"不在场"的深层之中。这只有依赖于有声语言创作主体以有声语言特有的表现力，加以显露和昭示。

张颂认为："'为什么说'，不是对具体语言内容的简单诠释，而是指宏观认知上的理性重合，即传者的理念与受者的理念融通。这样，传者的目的才可能实现，受者的期待才可能满足。"[②]

所以，传者不仅要解决"为什么说"的问题，还要解决"怎么说"的问题，怎样及于受众，使传播语言入耳、入脑、入心。听者所接受的不仅是感官的刺激，还是思维的能力与感情的活力。夏青教导青年播音员，在播音之前要充分备稿，做到"三读""三思"。三读，指拿到稿子后要读三遍：第一遍粗读，宏观把握，

[①] 吴功正. 古文鉴赏辞典 [M]. 南京：江苏文艺出版社，1987.
[②] 张颂. 播音主持艺术论 [M]. 北京：中国传媒大学出版社，2009.

了解整体；如果细读，反而会陷进去。第二遍细读，要逐字逐句挖掘自己不懂的地方和有误的地方，把握文章内在的逻辑联系。第三遍再粗读，以防第二遍细读、分析之后转而陷入文章的细枝末节。"三思"，就是分析完文章后，还要进行思考：第一是要把文章放到大的时空背景当中去审视；第二是要把文章放在整个节目中去审视；第三是要把文章放在听众那里去考虑，从播和听的对比中思考实际的传播效果如何。

听电视人夏青的政论播音，人们会感受到一种巨大的逻辑力量，不仅信服，而且被征服。原因在于，他不只注重把握播音员与文字稿件的逻辑关系，还注重把握文字稿件通过播音员的播音同听众接受的逻辑关系。比如，他善于创造性地使用停顿，有些停顿时间还比较长。一篇文章中，我们提起一件事情，提出一个问题，总是应该建议大家来想想这件事情，来想想这个道理。播音不应连得太快、太多，要留给听众时间。播音的这种逻辑力量就能赢得听众。如果只顾文稿本身的逻辑关系，不顾向听众传达的逻辑关系，那就是抓了"小逻辑"，丢了"大逻辑"。心里装着听众，这就体现了语言传播的人文关怀，这就能更好地发挥播音主持的认知功能。

同样，认知功能的实现也应该是和审美功能的实现同步完成的。因为理性与感性、逻辑的力量与审美的力量是互相依存、互相支撑、互相包含的。

（五）服务功能

从总体上说，播音与主持艺术的全部功能都可以用服务功能来概括，因为这是由广播电视服务于人民事业的宗旨决定的。

服务的内容具有广泛性、多样性，除上面我们谈到的几个方面都体现了不同层面、不同角度的服务功能外，还有许多服务的内容和形式，特别是直接关系到社会各方面的需求、直接关系到人民群众切身利益的服务内容。满足这些愿望和需求，有利于增强广播电视的社会效益，有利于增强广播电视与人民群众的密切联系，有利于推动和谐社会的建设。

1998年，国家哲学社会科学研究"九五"规划重点项目《中国电视论纲》把电视节目分类为新闻节目、社教节目、文艺节目、服务节目。在这四种节目形态中，新闻节目和文艺节目的界定比较清晰，容易划分；相比较而言，社教节目与服务节目的题材、体裁一直处于不断地调整与组合当中，内容与表现要素频繁交叉、融合，对于主持人的要求及其主持艺术也有许多共通之处，不宜作简单区分。

《广播电视辞典》对生活服务节目的定义是：以实用性内容为主，直接为观众日常生活、学习、工作服务的电视节目。这类节目通过传播信息、解答问题和反映群众呼声，帮助受众解决日常生活、学习和工作中的各种实际问题，为社会提供直接、具体的服务。节目注重实用价值，力求满足现实生活中的各种服务需求。

知识性服务节目，如《鉴宝》《养生堂》《百科全说》《走近科学》《探索发现》《经济半小时》《人与自然》等，在观众中都有较好的、积极的反响。

对象性服务节目，包括少儿节目、农民节目、军事节目、女性节目、婚恋节目、老年节目等。如《大风车》《智慧树》《聚焦三农》《乡约》《致富经》《非诚勿扰》《半边天》《夕阳红》等，在观众中均赢得很好的口碑。

生活服务性节目，包括向观众介绍烹调、保健、美容、服饰、购物、投资、家装、生活小窍门、家电使用保养等家庭生活实用知识，题材广泛，内容丰富，以鲜明的实用性与服务性为观众喜爱。如《美丽俏佳人》《交换空间》《家政女皇》等。

教学类节目是课堂教学的扩大和延伸，把知识性与趣味性结合起来，如《百家讲坛》已经成为中央电视台科教频道的品牌栏目，曾在全国观众中产生较大影响。

还有不少节目无法简单归类，比如，《今日说法》，每期集中剖析一个典型案例，以记者外拍的相关调查为主线，或访谈，或演播室连线，邀请法律专家针对案例加以点评、介绍相关的法律知识，以此达到向观众普及法律知识的目的，办得很有特色，拥有庞大的观众群。

二、审美功能

宣传性与艺术性是播音主持创作中不可缺少的，它们构成了播音主持创作的两大支柱，在传递信息、传播美、服务人民群众的过程中，创造着实用价值和审美价值，发挥着广播电视的优势。新闻传播、信息沟通、教育引导、社会服务等功能要得到很好的实现，就借助于审美化，融入艺术美的因素。同时，艺术本身又具有独立的审美意义和审美价值。播音主持创作中的有声语言，应该给受众以美感；有声语言的包容量、高深度、美学意义，在宣传教育、激励鼓舞人民群众的作用中，具有举足轻重的地位，在满足受众的审美需求方面，更是肩负着重要而又艰巨的使命。

音声传播是广播电视主要的、共同的传播方式，因此也是受众最主要的审美对象。当那声音或如黄钟大吕、金声玉振，或如淙淙流泉、春风吹拂，或如狂飙突起、波翻浪涌，或如林间鸟鸣、燕子呢喃，或如蒙蒙细雨、幽兰暗香，仿佛天籁之音传入你耳鼓的时候，那种振奋激越、沁人心脾、心旷神怡，飘然如进入仙境般的感受是难以形容的。随着传者语言节奏、旋律的展示、情感的融入、思想内涵的开掘、意境的营造、逻辑的推进，受众也从感性直接向意境深层进发，向认知共识和审美愉悦共鸣的高层抵近。随着岁月的流逝，人们可能已经忘记节目播出的内容本身，但是声音的魅力、语言表现的魅力会永恒地留在人们的记忆之中。

电视出现以后，音画同步的特点把播音员、主持人推向前台，使其直面观众。因此，除了音声审美，形象审美也成为另一重要的审美内容。人们不仅需要通过声音感受大国的气魄，而且还要通过播音员、主持人向观众展示出一个世界东方大国的政治、经济、文化强国的形象、气质、风度。这样，播音员、主持人的形貌、神态、语气、站姿、坐态、举止、表情、着装、配饰乃至化妆，都被赋予了远远超越其自身的意义，寄托着观众更多、更高的期待。人们会对播音员、主持人的综合形象提出包括审美价值取向的更高要求。这个要求是合理的，也是必须的。

德才兼备、声形俱佳、修之于内、形之于外、形美与神美完美统一是广播电视对播音员主持人的要求，也是广大受众的要求。

从节目开始到节目的推进，直至节目的完成，播音员、主持人的人文修养、文化底蕴、专业素质、艺术风格及其感受力、判断力、操控力、展现力、引导力、应变力等都会成为整个节目的内在支撑，并在一定程度上将某些方面呈现出来，从而给观众带来一个完整的审美印象。成功的播音员、主持人会在既定的时间、空间中，把观众带入一个卓越的审美世界，让观众在审美愉悦中潜移默化地得到心灵的审美陶冶，乐而忘返。

在广播电视各项工作中，播音与主持处于前沿和纽带的位置。当然，播音与主持离不开其他各部门的支持，这是毋庸置疑的。但是，播音与主持是一个重要而又特殊的岗位，播音员、主持人是特殊岗位上的特殊专业人才，除对人才的一般、共性要求之外，对他们还有着特殊要求。首先，自己的基本条件如何，有哪些优势，包括既有竞争的实力，又有发展的潜力。其中，有先天具备的，如嗓音、口齿、五官、形体、悟性；也有后天习得的，如普通话、唇舌力度、理解能力、文学修养、即兴表达、临场反应等。有些是不能改变的，经过练习也不会提高多少，千万不要勉为其难。其次，播音与主持专业的要求是否清楚，哪些硬性规定不能降低，哪些弹性要求越强越好，如声音好、形象好、个子高、反应快。没有歧视别的同学的意思，而是广播电视的特殊需要，必须优中选优。达不到这些要求的同学，就不要报考这个专业了。播音与主持专业，对于优秀的高级人才的需求是紧迫的、长久的。专业标准，主要是德才兼备、声形俱佳。做播音员、主持人，应该是品德高尚的人，忠诚坦白的人，还应该是语言规范、表达精妙的人，形象端庄、气质高雅的人。播音与主持需要的是一批特殊人才，有些是先天注定无法改变的。有些同志以极端的个例否定这一点，以极少的特殊代替一般性、代替普遍性，是偏狭的、不科学的。

对播音与主持工作来说，新闻性是它的根本属性，艺术性是它的重要属性，这就决定了它的功能具有服务性，是以政治宣传、舆论引导为代表的社会功能与审美功能的科学统一。政治性、新闻性必须落实和融合到音声性、艺术性上，才能宣传得好，使人愿意接受。音声性、艺术性必须以政治性、新闻性为灵魂和血脉，才有生命的活力和前进的动力。播音员、主持人不等于一般意义上的语言工作者、艺术工作者，更不能混同于演艺明星、搞笑大王。

值得注意的是，现在有些播音员、主持人不肯在苦练基本功方面下功夫，责任感不强，态度也不认真，在播音时出现种种错误几乎成为常态，并且不以为然。我们记得，那些老一代的播音员对篇幅很长，或者临时送来、几乎没有时间准备的重要稿件，他们也能做到一字不错，而且成为他们的常态。这种现象对比，是很令人深思的。要知道,现在的播音环境、播音条件不知比那个时代好了多少。像齐越、夏青、林如、葛兰、方明、铁城那样,在听众心里留下"永不消逝的电波"的播音员今天出现了多少呢?伟大的时代,是需要和造就大师的时代,播音与主持艺术呼唤大师的出现。

在主持人方面,出现的问题似乎更多。有的人在快餐文化的消费中靠媚俗浪得些许虚名,于是飘飘然起来,视观众为阿斗,失去政治底线和道德操守,引起观众强烈不满;有的人把庸俗当幽默,把恶俗当聚集人气、吸引眼球的招数,以致很多观众反映这些充斥荧屏的伪艺术给他们带来了"审丑疲劳"。

在广播电视的播音与主持创作中,播音员、主持人既要了解社会、扎根人民群众,做受众的知心朋友,又要站在国家媒体的高度、政治的高度、艺术的高度引领时代风尚,弘扬中国优秀传统文化,打造精品节目,不断强化播音主持作品的思想性、艺术性,在节目的社会功能与审美功能的高度统一上下功夫,无愧于时代,无愧于党和人民的重托。

第二章 播音与主持艺术的创作

众所周知,播音与主持是艺术创作活动之一。本章为播音与主持艺术的创作,主要从三个方面进行详细的阐述,分别是播音与主持艺术创作的原则、分类与方法。

第一节 播音与主持艺术创作的原则

一、实现讯息共享的传播目标

传播学是 20 世纪中叶出现的一门新兴边缘学科，与新闻学、社会学、心理学、文化人类学、信息论、系统论、控制论等许多学科都有着千丝万缕的联系，彼此渗透，相互影响。它研究人类社会的一切传播现象，特别是现代电子媒介——广播电视更是它重点研究的对象。不仅分析它的"渠道特性"，也研究传播者和信息内容（节目）。

20 世纪 40 年代发展起来的传播学是研究人类一切传播行为的科学，它不但阐明了现实生活中的传播现象，也揭示了传播活动的一般规律。人的本质不是单个人所固有的抽象物。在现实性上，它是一切社会关系的总和，这实际上说的就是人的社会存在方式。

人在社会中生活，必然要与社会的方方面面发生各种联系和交流。用传播学的观点来看，人处在传播网络中，既是受传者，又是传播者。可以说，一切社会联系都是一种传播过程。传播学家们把社会传播活动区分成三种基本类型：大众传播、群体传播（团体传播或组织传播）和人际传播。这三种传播方式，各有各的作用范围，各有各的传播功能。广播电视作为大众传播媒介，能发挥广布天下的社会功能，自然是典型的大众传播。但是，现代广播电视发展的实践表明，在它的传播过程中已经融入了多种传播形态，这些都是通过具体的节目形式表现出来的。比如，主持人节目就是一种很独特的传播现象。它借助广播电视这个大众传播媒介，把人类传播的多种形式都融合了进去，从而形成了一些新的传播现象。但是无论哪种传播形式都是为了实现共同的目标——在传受之间讯息充分共享。

（一）有稿播报式的大众传播

有稿播报实际上就是代表组织、团体或权威人士转述文论或言论，也适合对文学艺术作品的朗读。它曾经是广播电视中一种主要的语言表达形式，是在"三级审稿播出管理体制"以及"录播机制"下派生出的一种制播手段。它所依托的是一种朗读语言艺术或者说是"有稿播音"方法，它是当前播音学的主要研究对象。只要广播电视还需要发挥"转述"作用，这种语言形式在当下和将来都会长期存在，仍然具有较高的使用价值。譬如：政府文告、新闻公报、评论文章、文传电讯、文学作品等，都需要用转述的方法，才能够准确、鲜明、生动地播报出去。

（二）人际交流式的大众传播

人际传播（personal communication）是个人与个人之间的交流活动，是社会生活中最直观、最常见、最丰富的传播现象。彼此交谈、书信往来、电话联系、电子邮件等，都属于人际交流与传播的范畴。人际传播的内容十分丰富，既包括关于环境变化的实用信息交流，也包括彼此交换各自的一些看法和意见，并满足个人的社会性心理需求，沟通人与人之间的感情等。虽然形式多样，但是大致可以分为两种：一种是借助某种有形的物质媒介（如信件、电话、电报等）的传播，另一种是面对面的传播。可以说，这两种人际交流传播形式在广播电视主持人节目中都得到了广泛的运用。这里需要说明的是，人际交流一般是在人们的"私密空间"进行的，但是一旦进入了大众媒介，它就自动失去了个人的隐私，变成了完全公开的内容。

人际传播现象已经在我们的主持人节目中大量出现。人们还在努力创造条件，更多地去表现这些人际交往的生动情景。譬如，三五个嘉宾与主持人一起就某个话题进行座谈，类似《佳片有约》等。广播电视借助于这种传播形式也确实给人以亲切感，并增加了贴近性和可听（可视）性，特别是对话节目，直接触及社会公众关心的热点、难点和疑点，对于活跃民主生活、加强舆论监督起到了促进作用。

但是，如果不加选择地把人际传播的种种现象一概利用大众传播媒介向社会广为传播，就有可能会产生一些消极现象。如何兴利除弊，既能贴近群众，疏解民意，又能因势利导，积极交流，需要辩证地加以分析和把握。当大众媒介实际上获得对听众、观众和读者心理上的垄断时；当大众媒介的目标是引导而不是修正人们的基本态度时；或者当大众媒介与面对面接触共同起作用时，就获得了最佳效果。主持人节目中出现的这种节目形式，实际上，要求我们在大众传播媒介中，更加合理地去运用人际交流这种形式，为大众传播的目的服务。具体地说，就是利用大众传播媒介达到普遍渗透、广泛知晓，利用人际传播手段实现循循善诱，深入人心。在使用大众传媒的时候要考虑到它的交流性、有效性，在进行人际交流时要兼顾它的社会性、广泛性。大众传播与人际传播的结合，实际上也是间接控制与直接控制的结合，也只有这样才能使它们取长补短、相得益彰，从而保证主持人节目的健康发展。

即便是在面向大众的播音状态中，我们依然提倡那种"一对一、面对面"的交流方式。写的稿子和讲的话不是像在大会上讲的，而是尽可能地简单、平静，好像你是在跟你的一个亲近的人亲切谈论。需要尽力做到谈话具有比较亲切的性质，想方设法使广播接近听众，把广播节目编排得使人感觉更加亲切和温暖。

要做到一对一的播音，需要忘掉有几百万、几千万听众在你的面前，而是设想在你的眼前、话筒的对面有和自己说话的特定的人，经常对那个特定的人以说话似的情绪念稿子。如今，用"一对一、面对面"的方式播音已经是国际上通行的惯例。那种鼓动式、宣告式的播音方法，已经很少为大家所采用。

（三）群体互动式的大众传播

群体指的是具有特定的共同目标和共同归属感、存在着互动关系的复数个人的集合体。在这个定义中，群体不仅包括家庭、朋友、街坊邻居、娱乐伙伴等初级群体，也涵盖了具有共同属性的间接社会集合体，如性别、年龄、阶层、界别等。所以，群体有两个本质特征：一是目标取向有共同性；二是具有以"我们"意识为代表的主题共同性。这两个特征意味着任何一个群体都具有互动机制和使共同性得到保障的机制，群体与成员、成员与成员间的传播互动机制就叫作"群体传播"。

群体传播就是将共同目标和协作意愿加以连接和实现的过程。群体传播形成群体意识，这种意识一旦形成，会对群体传播产生重要影响。群体意识的影响主要体现在对成员个人态度和行为的制约作用上。群体意识无疑是在群体信息传播和互动过程中形成的。任何一个群体都具有自己的传播结构，这个结构主要是由信息的流量与流向两个方面来决定的。信息的流量主要是指共同兴趣的面有多宽。

一方面，信息的流量大，群体成员间互动和交流频度就高，群体内容易达成共识。另一方面，信息的流向是单向的还是双向的，传播者是特定的少数人还是一般成员等，对群体意识的形成也是至关重要的。双向性强，意味着群体传播中民主讨论成分多、信息共享程度高，在这个基础上更容易形成群体的凝聚力。我们这里所说的群体传播不同于组织传播，主要是指非组织性群体传播活动。

广播电视节目中除"一对一"的交流情景以外，还出现了许多"一对群、群对众"的互动场面。譬如，电视谈话节目、综艺类节目、智力竞赛、专题晚会等等。一批观众（听众）被请进了演播现场，在一个事先安排好的场所，或参与、或捧场、或抢答，有时甚至连服装也特意做了安排，以区别不同团体的来宾，主持人调度场面，编串节目，组织竞猜……这是一种经过策划的群体传播活动。同时，它又借助广播电视、向演播室（厅）以外的社会大众延伸，进行同步互动传播。这类传播活动，我们可以按照群体互动方式的不同，分为三类：一是话题性群体互动；二是专题性群体互动；三是娱乐、竞技活动群体互动。

大众传播与群体传播的有效结合，将会起到相兼互补的作用，其效果和影响明显优于单一的传播形式。但是也要注意克服这样两种倾向：一是偏重于大众传播，却忽略了群体传播。只考虑面向大众，却疏远了群体成员，结果群体内的关系十分松散，当然也就很难形成外涉的影响力。这说明，主持人在这里仅仅起到了串联节目的作用，却忘记了自己更是两类传播活动的操持者。这样往往就会造成"台上台下"的"间离效果"。二是偏重于群体传播，却忽略了大众传播。如有的主持人为了活跃气氛，一味地插科打诨、哗众取宠，失去了分寸。这样可能只博得场内观众的一时热闹，却冷落了荧屏前的观众，又会造成"台内台外"的"间离效果"，脱离了社会大众。

（四）复合交流式的大众传播

近几年，电视媒体中出现了许多新的传播形式，广播也在千方百计地运用自己的特点发展一些新颖的节目形式。如获得全国第五届"金话筒奖"的广东人民广播电台的节目《评说"神舟"首航成功》，主持人运用网络、电话等手段把分散在各地的嘉宾、听众、网友都联系了起来，调用了目前所能调用的各种技术手段，进一步扩展了节目天地，让分散的、彼此间有一定距离的人们通过多种渠道汇聚在一起，互相了解，彼此交流。

传播形式越丰富和多样化，就越需要增强主持人的控制与协调能力。不具备这样的能力，就很难驾驭纷繁复杂的传播活动，有可能会出现失控情况。如在人际交流中出现不当的话语、偏激的言辞，使主持人不知所措；群体互动失去分寸，导致哄场、冷场等；面向大众，却语焉不详、举止失措，缺乏风范等。在这样的传播条件下，需要主持人能充分调动现场气氛、统摄人心、使节目内容妙趣天成。同时，又能够广泛运用各种材料，引人入胜、发人深省。

传播方式是优劣并存的，主持人应综合运用前面所说的三种传播形式努力去扬长避短，恰当取舍。把人际传播的情感效应、群体传播的从众效应和大众传播的权威效应充分地调动起来，剔除人际传播中的随意性、群体传播的排他性和大众传播的刻板性。只有这样，才能充分发挥主持人的优势，取得最佳的社会传播效果。

二、遵循广播电视的传播规律

播音与主持是广播电视的传播活动，必须遵循广播电视的客观规律。违背了广播电视的自身规律，也就难以达到理想的传播效果。那么，广播电视究竟有哪些规律必须遵循呢？

（一）注重时效，先声夺人

广播电视对"新近发生事实的报道"具有得天独厚的优势。广播电视工作者的时效观与报纸不一样，它不仅反映"昨天、今天、刚才"发生的事件，更注重追求对现在正在发生的事实的报道。因为电子媒介为它提供了这种即时报道的便利。广播电视的电波传送速度是每秒30万公里，在电波覆盖范围内，只要有接收工具（电视、电脑、收音机）就可以接收信息。它不需要校对、排版、印刷、发行等诸多工作环节，可以在此时此刻对此事进行现场报道。

1981年3月30日下午2点25分，美国总统里根走出希尔顿饭店后遇刺，2点30分，美国广播公司就播出了记者莱姆·唐纳森（Liam Donaldson）发来的报道，2分钟以后，哥伦比亚广播公司播出了自己的记者莱姆·塔克（Lem Tucker）发回的同一消息。1986年1月29日北京时间零时许，美国"挑战者"号航天飞机意外失事，在收到英、美电视新闻社通过卫星传来的实况录像后，中央电视台抢在上午9点20分的《简明新闻》里，以头条位置播出了这一惊人的消息。1997年6月30日至7月1日，世界上很多人都在关注着一个历史性的时刻——香港回归祖国，中央电视台向世界各国成功地转播了这一盛况。2001年在美国发生的"9·11恐怖袭击事件"，美国几家电视台都在最短时间内播出了被劫持飞机撞击世贸中心大楼的全过程。在以后的接续报道中，美国的FOX、CNN等电视台播放了逃难者从高达110层的高楼上逃生的镜头和大楼轰然倒塌的全过程。这种恐怖场面震撼了世界爱好和平人们的心灵，导致人们对恐怖主义的一致声讨。这样的例子可以说是不胜枚举，广播电视的高时效不仅是它独有的优势，也是它的客观规律。利用这种优势，遵循这一规律，一直是广播电视的努力方向。

事实上，正是由于追寻这样的目标，才孕育了新闻节目主持人。研究并探寻广播电视规律，使我们找到了一种新的传播形式，它在传播实践中经久不衰，显示了强大的生命力。

（二）真实生动，感染力强

通过文字阅读激发想象得到的感受，与直观印象得到的感受是很不相同的。从人的心理感知过程来说，文字首先诉诸理性（通过理解而后感知），而形象直接作用于人的情感。传播学家们从20世纪30年代起就对诉诸情感与诉诸理性的传播效果进行了研究。他们得到的结论是："富有情感色彩的传单对人们选举的影响比'理智'传单要大得多。"[①]之后，社会心理学家们曾做过多次有关这方面的实验和研究，都得出了相同的结论。这说明传播时首先诉诸情感比诉诸理性更可以促使态度发生转变。

当然，两种方式各有优势。诉诸情感的近期效果明显，诉诸理性的效果则是长期的、恒久的。在实际运用中，它们是不能截然分开的，只是施加影响的次序不同，分量也不一样。广播电视是以直观形象作用于人的听觉和视觉的，感觉直

---

① 韩向前．传播心理学[M]．南京：南京出版社，1989．

接影响情绪，产生感情的变化，引发人们的思考。譬如，悦耳的声音让人愉快，刺耳的噪音使人烦躁；明快的色彩使人心情舒畅，阴沉的画面让人感到压抑；庄重的形象给人以权威感；真切的话语给人以信任感；朴实的态度给人以亲切感，等等。

因此，广播电视从传播特征来看，它首先是诉诸情感的，并在传播过程中占据了较大的比重。1933年的美国正处在经济大萧条时期，在此危难时刻，就任第三十二届总统的富兰克林·罗斯福面对惨淡的国家经济，面对迷惘恐慌的人民，面对攻击新政的反对派，他决定用一种独特的方式向全国人民发表广播演讲，以恢复他们的信心和希望。1933年3月12日，他在白宫接待室的壁炉前安排了这次演讲。他对负责广播演讲的人说，他希望讲得亲切自然一些，就像坐在自己家里，罗斯福面带笑容好似坐在客厅里和人们围坐在壁炉旁举行家庭讨论会一样。他竟能谈得那样亲切，用人人都能听懂的词句和比喻，把工业经济的复杂结构谈得一清二楚。他的声音亲切自然，语言质朴实用，他用商量的口气向人们阐述"新政"的目标。在1933年7月12日的第三次"炉边闲话"时，罗斯福感到有点口渴，他不经意地喝了口水，然后说："我的朋友们，华盛顿今晚真是热极了！"事后，大家都感到这段随意的插话简直妙不可言。它成功地拉近了全国人民对他的感情，感到总统是他们的代表，是他们的朋友。应该说，他成功地运用了广播的情感效应，创造了一种亲如家人、炉边闲话的生动情境。自此，罗斯福的这四次"炉边闲话"被标榜为美国政治史和广播史的里程碑。

如今，我们所看到的和听到的广播电视主持人节目正是那种"一对一、面对面"的拟态环境。在这样的环境中，大家可以敞开心扉、倾情交谈，充满了亲切和热情，自然会取得理想的传播效果。当然，广播电视所要创造的并不仅仅是家庭情境，而是要根据不同的传播目的，选择不同的情境氛围，如闲适环境、严肃环境、游戏环境、自然环境等。

更加有效地创造情境氛围是播音员和主持人专业能力的重要表现，"闻其声如见其人"说明声音是可以塑造形象的。这一方面是说，用声音塑造自身的形象，另一方面是说它还可以创造情境氛围。比如，我们经常会通过一个人的声音去揣测他的体貌特征，形成先入为主的印象。这就要求从事专业播音工作的播音员、主持人都能有较好的声音形象（嗓音、语言等），而从事电视播音的还会注重外貌形象等。创造情境氛围指的是同一语词概念，可以表达出不同的情感和意味。播音学中认为，播音是一种语言艺术再创造。"再创造"就是把抽象、枯燥的文字语言形象化地表达出来，以取得感心动耳、声情并茂的效果。播音中的重音、停连、语气、节奏，以及副语言等都是一种表达手段。现代广播电视越来越重视副语言传播的作用，事实上副语言主要就是一种情感化的符号。"形象化"是广播电视传播的天然优势，播音员与主持人都必须按照这样的规律发展自己的传播能力。

（三）无远弗届，广泛渗透

广播电视信息一旦发出就无法收回，可以漫无边际地传播。特别是卫星和网络使得广播电视讯息，比较容易地实现了全球覆盖。不仅如此，广播电视讯息通俗易懂，能够广泛渗透到各类社会群体中。

在许多偏远地区，因邮路不畅、购买力不足等限制了纸质媒介信息的流通。这样就使广播电视成为"大众媒体"。它基本上不受文化水平的限制，从学龄前儿童到古稀老人，从目不识丁的文盲到学富五车的学者，都可以是广播电视的受众。同时，失明的人可以收听广播，失聪的人可以收看电视。因此，"老少咸宜，雅俗共赏"一直是广播电视办好节目的宗旨，力求通俗、口语、大众化是广播电视节目的形式特征。

群众性广、渗透性强是广播电视的又一个特点，更是它的明显优势。播音员与主持人面对的是一个极为广泛的受众群体，所以，他们的语言和表达都应该是通俗化、民族化、大众化的，他们的素养又必须是博学多识、高情远致、善解人意的。尽管现代广播电视正在向"分众化""窄播化"方向发展，尽管我们也很强调主持人的"个性化"，但是这丝毫不意味着广播电视会改变"点对面"传播的大众化性质。

（四）线性传播，转瞬即逝

用辩证的观点来分析广播电视的客观功能，可以看出，它在获得时间优势的同时，却又无法保留空间的便利。由于是线性传播，因此它的选择性和保留性都比较差。因为它的音频和视频信号只能按照时间顺序编排播出，难以选择，过耳（目）不留。反之，作为纸质媒介的报纸杂志则可以空间铺陈，平面编排，供受众任意取舍，反复阅读。叶圣陶老先生曾深有感触地说："咱们听读报、听广播也有一些经验。有时候听得完全明白，好像看了书面文字一样。有时候心里一愣、不明白听到的话是什么意思，又不便仔细揣摩，因为读报的人、广播的人并不等咱们。一揣摩，以下的话就滑过去了。这就说不上完全听明白。可见便于听和不便于听的分别显然是有的。"[①] 为了最大限度地克服这两项弱点，广播电视工作者一直都在进行不懈的努力。

为了克服广播电视信息传播的易逝性弱点，人们想到应从节目编排方式上想办法、觅良策。如有意将几条不同内容的节目从一个共同的话题切入、贯穿、解读，形成内在的联系，以强化人们对同一主题的印象。再如，故意将几条内容完全相反的信息并列在一起，产生强烈的对比效果。这样的"组块"编排就可以使节目层次分明、条理清晰、前后呼应，有效加深了受众的印象。这种节目编排方式首先为主持人节目所采用，并逐步形成了这类节目的基本特征。

20世纪60年代后期，人们从杂志的编排方式中受到了新的启发，不仅是不同节目内容的组合，还融汇了不同的节目形式，形成了板块节目结构，也就是我们通常所说的"杂志型节目"。在这类节目中，主持人发挥着重要的作用，节目内容和节目形式的变化就对主持人提出了不同以往的要求，需要他随机把不同内容、不同形式、各种音响、画面、不同的音乐素材融合在一起，使主题、内容之间的转换、铺垫、穿插、过渡和谐自然，形成有序的整体效果，同时需要主持人具有临场应变和巧发奇中的口才能力。

如何提高广播电视的选择性呢？人们想到了"信箱节目""点播节目""热线电话节目""嘉宾访谈""谈话节目"等，创造种种条件来让受众选择和参与节目。在节目制作中，不完全使用传统的录制手段，更多地采用直播的方式，不仅关注节目播出的质量，更注重节目受众的反馈等，这些都促使广播电视日益成为充满活力的双向传播系统。无论播音员还是主持人，都需要更多地使用交流性的有声语言和行为方式来满足这种要求。

---

① 叶圣陶. 叶圣陶语文教育论集 [M]. 北京：教育科学出版社，1980.

三、追求情理交融的传播效果

播音与主持是以形象化的手段来从事传播工作的。这就使它们具备了艺术的性质。艺术反映社会生活有其不同于社会科学的特殊性，它是用形象反映社会生活的。形象性是艺术的基本特征。由此可见，形象性是艺术区别于社会科学的一个基本特征。

形象就是艺术反映现实生活的一种特殊手段。艺术形式不能离开形象的描绘。没有了形象，艺术本身就不存在了。艺术的内容就是理念，艺术的形式就是诉诸感官的形象。毫无疑问，广播电视内容的传播必须依托某种表现形式，而播音与主持就是创造这种表现形式的主要手段。

（一）播音艺术创作

播音是运用语言艺术进行创作的活动。它不仅是依据稿件来进行有声语言再创造，还包括即兴表达的各种话语艺术。从叙述方式来看，既有转述，也有评述，还有阐述等；从口头语体来分类，大体是朗读体、演讲体和谈话体等。但是这样的语言艺术活动都是在广播电视的语境条件下进行的，所以也必须遵循广播电视的客观规律。

1. 塑造语言形象

声音是可以产生形象的。特别是在广播中，人们往往会从一个人的声音里揣测、辨别他的社会角色。声音的好坏优劣，给人不同的印象，产生不同的感受。即使在电视中，声音也是与一个人总体形象不可分割的组成部分。作为传播者，给人先入为主的印象是十分重要的，而声音是关键的因素。

播音主要是以有声语言来从事艺术创作的，受众自然会对声音提出审美要求。"目欲綦色，耳欲綦声"[1]是人类最基本的审美要求，非常精辟地概括了人们这种审美心理的要求。然而，这里所说的"播音语言"主要是指那种具有丰富感情色彩和准确表意功能的语言表达方式。运用声音创造美好的语言形象就必须把握科学的用气发声技巧和正确的吐字归音方法。

---

[1] 荀子. 荀子[M]. 中华文化讲堂，注译. 北京：团结出版社，2017.

2. 增加语言美感

这里主要是指有声语言的形式美。规范的汉语言本身就具备着平仄相间、抑扬顿挫的美感节律，音韵铿锵、掷地有声，缓疾有节、强弱互补，所以汉语是一种富有音乐感的民族语言，总能给人以悠长的韵味与悦耳的愉悦。

语言的韵律从形式特征看，主要表现为语流的节奏感。构成节奏的是两种关系：一是时间关系，显示快慢；二是空间关系，显示高低。把运动中的这种强弱变化有规律地组合起来加以反复便形成节奏。节奏是天地万物间普遍存在的一种自然现象，会给人以美感。

3. 丰富语言内涵

主要是指有声语言的内容美。它也是古往今来文学艺术家们孜孜以求的那种具象以外的"意蕴"。说得更通俗一些，就是指那种"言有尽而意无穷"的境界。德国思想家歌德的"意蕴说"把艺术作品分为三个因素：材料、意蕴、形式。意蕴即人在素材中所见到的意义。一般把前两个因素合称为"内容"。这就要求传播主体必须首先充实自己，才能"由己达人"。自己有了丰富的思想和感情蕴涵，才能厚积薄发，取得感人肺腑、发人深省的传播效果。播音的意蕴并非仅仅是传情达意，同时也在创造一种意境。清代学者王国维曾说："文学之事，其内足以摅己，外足以感人者，意与境二者而已。""言气质、言神韵、不如言境界。有境界，本也。气质、神曲、末也。有境界而二者随之也。"[①] 就是说，如果产生了情景交融的效果，也就产生了神韵，体现了气质。这也正是播音艺术所要追求的那种境界。

由此，我们可以领悟到广播电视的信息含量并不在于用迅疾的语速传达更多的内容，而应借助艺术的手段来达到语语明白如画，而言外有无穷之意的效果。将这样的艺术手段运用在传受关系中，可以有效地调动受众的参与意识。

4. 完善语言表达

完善语言表达主要是指运用播音语言，准确、鲜明、生动地传达节目内容和广播电视讯息。英国的著名作家萧伯纳曾拿"是"字的书面表达与口头表达作比较，说一个"是"字有 50 种方法，可是写下来的只是一种。由此可见，学会说

---

① 王国维. 人间词话 [M]. 海口：南方出版社，2021.

话并不难，但是要把话说好却不容易。广播电视的多种节目形式，实际上就是提供了不同的语言环境，在这些语言环境中的播音就会有不同的表达要求。

所以，播音绝不是一种固定不变的语言模式，也不应该是单一形态的社会语言。播音是在广播电视演播环境中多种口头语体的表达艺术。朗读艺术、演讲艺术、谈话艺术等在广播电视中都具有存在价值，只是我们对它们还缺乏规律性的认识。

（二）主持艺术创作

主持人节目的形象主要是由以下四个因素决定的：权威性、真实性、亲切感、交流感。由于各类节目的宗旨不同，所以对四种因素的运用也会有所不同。主持人是支撑这个节目的核心人物，他的全部工作就是维系节目的形象，争取最好的传播效果。

1. 树立权威性

权威是指在人类社会实践过程中形成的具有威望和支配作用的力量。顾名思义，主持人（Host）无疑就应该是具有威望和起支配作用的媒介人物。正因为节目中始终都存在这种支配力量，才形成了节目的特色，称其为主持人节目。反之，如果主持人始终不能在节目中树立自己的威望，或者处处受制于人，甚至任由别人"反客为主"，那么这个节目显然是不成功的。所以，节目的权威性就来源于主持人的威望和支配力量。

主持人的威望依靠他们丰厚的生活积累、精辟的学识见解、高尚的品德修养。他的支配力量，一方面是媒体授予的，另一方面是他们自身所具备的令人信服的魅力。美国曾有两位年龄最大、待遇也最高的节目主持人，一位是年近古稀的芭芭拉·沃尔特斯（Barbara Walters），被美国全国广播公司以年薪1200万美元的待遇聘为新闻节目主持人；另一位也是年过花甲的拉里·金（Larry King），美国有线新闻网最近以5600万美元的薪金与他续签了四年的合约，继续请他主持谈话节目。这样的薪酬待遇在美国就标志着一种较高的社会价值和地位。

为什么他们会享有那么高的身价呢？这两位老人的真正价值不在于姣好的外貌、迷人的嗓音（拉里·金的嗓音甚至是沙哑的），而恰恰是渊博的知识、丰富的阅历、深刻的见解以及统摄人心的魅力。

2. 维护真实性

"真实"是主持人节目的生命。它既指节目内容的真实、人物的真实，也指主持人的真情实感。有了节目的真实性，才能产生节目的亲切感和交流感。中央电视台《实话实说》节目，很受观众的欢迎，一直保有较高的收视率。

其中的原因很多，但是主要还在于思想的真实、感情的真实和话语的真实。平民的特征是善良、真诚、与人沟通、与人为善、得饶人处且饶人、退一步海阔天空，这都是平民最本质的特色，而不是穿打补丁的衣服就是平民。《实话实说》节目以主持人真诚、朴实、诙谐、幽默的个性风格赢得大家的欢迎就是理所当然的了。

3. 表现亲切感

主持人是以个性化、人格化的形式与受众见面的。尽管"我"并不完全代表个人的意志，但仍然是媒体这个"大我"的化身。然而，受众接触的则是一个具体的"人"，这个"人"的态度直接维系着节目与受众的感情联系。让人感到亲切会缩短主持人与嘉宾受众之间的心理距离。

传播者的相似性与传播效果之间的联系以人际吸引——喜爱为中介。也就是说，如果人们感到传播者与自己相似，就会喜欢他。换言之，人们都强烈倾向于喜欢那些和他们相似的人。而喜欢传播者，就倾向于接受他的观点。

当然，强调"相似性"绝不意味着需要一味去迎合受众的观点或情趣，这种"相似"就是求大同存小异，寻求更多的相互理解和共同语言，诚心诚意关心受众，尊重受众。中央电视台的主持人倪萍，无论主持《综艺大观》《聊天》，还是《文化视点》，总是给人以十分热情、亲切的印象。

4. 增强交流感

平等地参与社会交流、畅叙自己的襟怀、倾诉自己的心愿是民主社会普遍存在的社会心理。可以说，主持人节目之所以受到欢迎，一个重要的原因就是顺应了现代社会的这种心理需求，满足了人们这种社会交流的欲望。这类节目与传统节目的根本区别，就在于它的双向交流性。事实证明，双向信息沟通的效果大大优于单向信息沟通。这种双向交流关系的建立，取决于主持人的民主观念和平等意识。

只要改变一贯的"我说你听、我打你通、我压你服"的传统模式，真正与受众平等相处，坦诚相见，尊重大家的意见，倾听群众的呼声，在传受之间营造相互信任、相互理解的氛围，大家就会在这样的氛围中推心置腹，倾心交谈。

美国颇负盛名的《拉里·金现场》节目主持人拉里·金总是将自己的身份放低、放平，而把采访对象置于最重要的位置，把谈话的时间和机会都留给了嘉宾，给他们创造充分表达的机会。拉里·金以轻松友好的态度来面对嘉宾和观众，他不喜欢把探寻隐私当作采访的动机和谈话的主要任务。不咄咄逼人，也不穷追不舍，也正是因为如此，宽松的谈话氛围，嘉宾才乐于和他交谈。

第二节 播音与主持艺术创作的方法

一、播音艺术创作的方法

（一）朗读式播音

1. 朗读的语境特点

（1）诉诸听觉

朗读是把书面语言转化为口头语言的一种表达方式。朗读艺术就在于用有声语言准确、鲜明、生动地表达出书面语言的内涵和实质，把"目治"的语言变为"耳治"的语言的过程。书面语是"写的语言"或"目治的语言"，口语是"说的语言"或"耳治的语言"。书面语和口语虽然都是语言的存在形式，但是具有各自不同的特点。因为一个是拿手来写或拿眼睛来看的，一个是拿嘴来说或拿耳朵来听的，所以，两者存在的环境有所不同。因为一个是写在纸上或留在其他坚实的物体上面的，一个是发成音波、一发即逝的，所以，两者的物质条件也有所差别。不同的存在环境和不同的物质条件，就使得它们具有了不同的特点。朗读是诉诸听觉的，所以让人听得清、听得懂是首要条件，其次还需要愉悦听觉和心智，给人以美感享受。

（2）口语转述

朗读是转述他人意见的一种口语形式。朗读要依据文字稿件，在不能播错一个字的要求下，表达出文字不能或不便表现出的意蕴和内涵，是语言艺术再创作的过程。朗读实际上是以复述第一人称出现的，因为朗读的内容虽然是转达他人的意见，但是，却融合了自己的看法，表达的是一种共同的认识。广播电视中的朗读最适合传达公共信息和政府文告，成功地塑造政府或媒体的形象。对于文学作品的朗读，由于增加了语音信息，它才增加了活力，有了跳跃着的生命。朗读艺术语言会使文字作品产生更加深邃的意境，达到感人肺腑的艺术效果。

（3）心理情境

既然是转述他人的意见，这种语境内就没有直接的交流对象，不需要根据反馈来随时调整内容。同时，广播电视中的朗读一般又是在封闭的环境里（播音间）根据自己的想象活动建立与外界的联系，所以，它也不具备接受反馈的条件。

在交流性的话语环境中，说话者可以得到对话者的直接反映和心理上的支持。在广播朗读的环境中，则需要传播者运用对象感、情景想象等自我心理活动来建立与受众的联系，给人以"闻其声如见其人"的交流感。在播音业务中把这种心理能力称为内部基本功。在播音业务要求中，它与吐字归音、用气发声等外部基本功是同等重要的，直接影响到语言表达的效果。

2. 朗读的基本规律

（1）思维反应律

思维跟感觉和知觉一样，是人脑对客观现实的反映。不过，感觉和知觉是对客观现实的直接反映，而思维是对客观现实的概括、间接反映。反应是指有机体受到体内或体外的刺激而引起的相应活动。

在朗读中，无论是对客观世界的感知，还是对语言符号的认知，都对有声语言的运用产生影响。创作主体的思维是否积极、反应是否敏锐，决定着他的创作状态和创作过程，乃至创作成果。所以我们也把它称为创造性的劳动。

语言艺术创作状态上的眼看、心想、耳听、口说，都离不开思维反应过程。包括报告新闻、播送专题、画面解说、现场直播等，创作主体在话筒前的思维反应显然不同于一般的言语活动，有它自己的特点：目的十分明确、思路十分清晰、理解十分深刻、语言十分简洁。在语言表达上，总是有感而发、言必由衷、明白晓畅。

把文字稿件变为明白如话的语流是一项再创造。它是在深刻理解并消化文字稿件精神实质的前提下，运用语言艺术的手段改造成一听便能明白的话语形式。事实上也就是要求我们把书面文字创造成"便于听"的话。这个创作过程，正是积极思维、敏锐反应的过程，不能有丝毫松懈。一般来说，对书面内容理解得越透彻，创作思维的反应也就越灵敏，转述的话语也就更加准确、鲜明、生动。如果认为广播电视中的朗读只是"照本宣科"，那就是不了解朗读的思维方式和创作过程，更不知道朗读是一种艺术，是人类文化形态的一个重要组成部分。

（2）词语感受律

感受是人的一种心理能力，并且遵循用进废退的自然法则。它是语言艺术创作中一项很重要的能力，往往能决定一个人朗读表达水平的高低。

词语感受主要是指对语言符号的感知和生发。词语是一种符号，是反映客观事物的主观映像。汉字由图画文字发展而来，汉字的发展历史又是图画文字的象形、象意特征逐渐退化的历史。这种退化不是要将汉字发展成为一堆抽象的符号，而是要使汉字的表意功能更好地适应语言与思维的发展。当我们把文字语言转化成有声语言的时候，就比较容易引起联想和想象。"望文生义"是贬斥一种牵强附会的现象，如果从正面来理解可能就是一种联想活动。

汉语的声、韵、调既有表意功能，也有表情功能。不论是见字出声，还是听声想字，汉语声、韵、调所刺激的不只是视觉和听觉，而是深入到了内心。在语言的抑扬顿挫中，创造了一种意境，使人感受到生动的形象和深邃的思想。语言分析所用的概念、范畴，都出自人的主观感受，运用辩证的两端来具象化，用简单的性状征喻来表述自己的语感和体验，从形式与内容的有机统一所产生的表达效果上，整体地把握语言特征。在朗读表达中，词语感受是关键。只有对文字内涵有了深刻的理解，才能引发自己的思维和想象，受之于心，宣之于外。生动的语言表达也就有了可靠的依据和动力。那种"照本宣科"的情况也是存在的，见字出声，不解其意，既不能说服自己，更无法感动别人，就成了一部语音服务器。

(3)对比推进律

对比是指表达中不同感情色彩和语势变化的动态反映;推进是指在一定目的的指引下,有声语言的定向流动变化。

对比,大到这个节目和那个节目、这篇稿件和那篇稿件,小到这一段同那一段、这一句同那一句、这个词或词组同那一个词或词组,都出现高低、强弱、快慢、虚实、明暗、松紧等的对比。在对比中显出层次、结构和主次,也表现出情感的浓淡、亲疏。

推进是指语势的流动和语意的推进。内在语意的逻辑和外在语音的关联形成一股推进的力量,给人以连贯、明晰、畅达的感受,显示出无穷的意味。

对比推进律是在明确目的的指引下,不同感受、不同态度、不同情感、不同色彩和分量的对比,及其在声音上产生的对比变化,向着一定方向显示流动的态势,推动有声语言向前跃动的驾驭能力。只有对比,才可能向前推进;只有推进,对比才会有生命力,二者相辅相成。

对比推进在表达上应该注意把握"幅度"和"速度"。幅度和速度都应保持在有效"清晰度""可感度""可懂度"的范围内,过犹不及,欠则无益。检验的标准是受众的反应,而不是自我感觉。所以,经常保持与受众的联系是调整表达方式的重要依据。

(4)情声和谐律

播音中要求感情要给足,声音要节制,这就是情声和谐律的含义。

以情带声、声情并茂是朗读中必须遵循的创作原则。正确处理好"情"与"声"的关系,也是我们一直都在追求的目标。实践经验表明,感情要酝酿充足,用声要有所节制,这样才能入耳中听。

在语言表达上出现情声不和谐现象的原因是多方面的,但是主要的问题表现在两个方面:一是思维活动不积极,缺乏真切感受,难以调动真情实感;二是表达技巧不娴熟,词不达意,声不传情。

情感的调动并不是没有来由的,首先需要加深对客观事物的理解,还要做设身处地、将心比心的深刻体验。情感的酝酿需要有一个过程,思维的积极程度决定了这个过程的长短,也就是俗话所说的"心有灵犀一点通"。但是我们调动的一定是真情实感，任何矫情和假意都不可能取得情声和谐的效果。所以，我们主张将"为情造文"同"言为心声"结合起来，达到声情并茂的效果。

"情"与"声"的和谐既是心理上的要求，也是生理上的反应。我们在前面已经阐述了"情、气、声"的关系，说明"以情调气，气随情变"以及"以情带声，以声传情"的道理。它们都证明，心理上的作用会直接影响生理机能的变化，反映在生理机能与心理情态随机调适的过程中。人为地割裂它们这种有机的联系，就会出现失衡的状态，只有自然调适才会是和谐的。

（5）呼吸自如律

播音表达中的呼吸，首先是胸腹联合呼吸，其次是以快吸慢呼为主，再次是"语""气"结合，最后是呼吸无声。这四点是话筒前朗读的需要，也是呼吸自如律的基础。

话筒前播音需要气息的支持，满足生理呼吸的需要。但是为了发声而呼吸就会感觉不自如。因为话筒前播音主要表现为心理上的一种运动状态，只有当生理需要与心理活动完全和谐一致的时候，才会进入自如状态。或者说，朗读呼吸的自如状态是由情感状态所决定的。气息的深浅、多少、快慢、通道宽窄等，都能因情用气，气随情动，以气托声，以声传情，达到从心所欲、不逾规的程度。

呼吸是人的一种生理功能，可以通过科学的训练得到增强。也只有提高了呼吸的生理功能，才能使呼吸控制得心应手，达到自如状态。但是，胸腹联合呼吸法并不是轻易就可以掌握的，要经过科学的、刻苦的训练，才能成为一种呼吸的习惯。

呼吸自如必须以准确表情达意为目标，不应以自我感觉良好为满足。只有进入"情随物转、气随情迁"的境界，才能取得应付裕如的效果。

（6）自我调检律

在特殊语言环境中（如播音间等）和话筒前朗读，需要不断调整心理状态、呼吸状态、发声状态等。自我调节、自我检验就是一个自体反馈、调整的过程，几乎贯穿播音活动的始终。有声语言创作的特殊环境使得这种自我调检带有一定的经验性，因为它与正常生活空间中的反馈情况不完全一样。既没有参照物的提示，也没有正常的混响效果。它是在一个封闭、强光、隔音，甚至是吸音的环境中来把握自己感觉的。

在播音间、话筒前，自我调检的内容无非是调整和检验两大部分。调整后要检验、检验后要调整、边调整边检验、边检验边调整，完全服从表达的需要，抓住重点和难点，力求完善与畅达。

自我调检的范围包括内部与外部、生理与心理、气息与声音、感情与技巧、主体与对象等方面。广播有语言与音效的关系，电视有形象与画面的关系等。有些初学者在处理这诸多关系时难免会顾此失彼，但是随着经验的积累、技巧的娴熟，就会逐步进入自如状态，从而成为一种职业习惯。

实践表明，在话筒前创造思维越活跃，创造力越旺盛，自我调检力也就越强。反之，如果出现了失控局面，那一定是思维出现了紊乱，心理上失去了自信。出现这种现象，往往就是因为内、外部基本功还不够扎实。

3. 朗读式的播音方法

标点符号在书面语体中具有帮助读者分清结构、辨明语气、揭示语意的作用。其中点号有表示口语里不同长短停顿的作用，但是主要还是点明书面语句结构的关系。标号则是用来表示书面语言里词语的性质或作用的。但是在口头语体中，仅仅依赖标点符号是难以准确表情达意的，甚至还会出现与标点作用相反的情况。譬如，我们所说的"停连"就与顿号的停顿作用有所不同，往往含有"似停实连"的意味。可以说，重音、停连、语气、节奏就是口头语体中特殊的标点符号和基本表达方法。

（1）重音

重音在朗读表达中起着举足轻重的作用。对于重音的认识存在许多不同的解释。一般都认为重音是语言中重读的音，并认为重音分为"词重音"和"语句重音"两种。"词重音"我们已经在"普通话音变"一节中阐述。需要进一步说明的是，在词重音的表达方法上大家没有分歧，认为它是相对于轻声的重读，或者说只以提高音强来加以表现。但是在语句重音中，就不尽然了。

重音就是一句话中听起来最清楚、最响亮的词或词组。它从听者的角度来揭示重音的作用，首先说明是"最清楚"的词或词组，清楚表达并不意味着一定要重读。逻辑重音和强调重音常常跟口气语调相结合，有时候利用扩增语调的幅距来表现，有时候利用特殊的调形来表现，也有时候利用增加音长音势或结合以上的方法来表现。所以，我们认为准确的定义应该是，那些根据语句目的、思想感情的需要而给以强调的词或短语就叫重音。这个定义起码说明了两个问题：一是重音不仅仅是词重音，二是"强调"不等于"重读"。

（2）停连

停连在很多语言学著作中都称为停顿，也有称之为顿歇的。但是它们都只强调了表意过程中声音中止的现象，而忽略了这样一个事实：除了篇章段落结束，大多数"声音中止"的情况都是为了延续语意的需要。所以，我们认为在有声语言表达过程中，声音中断、休止的地方就是停顿。反之，那些不中断、不休止的地方（特别是有标点符号，而不中断、不休止的地方）就叫作连接。总而言之，文字表达需要标点符号，而口语表达则需要停连。除了生理上需要"喘口气"，它主要就是起着口语"标点符号"的作用。

停连是指在语流中语音暂止的方式，根据生理呼吸和表情达意的需要所作出的技巧性处理。主要有以下两种形式：

①落停缓收

落停是指在一句话、一个层次或一篇文章结束后使用的，是一种语势缓收的状态。这种情况一般用于较平稳的、舒展的内容。

②扬停强收

在表达一种自豪、坚定、豪迈的语句时，常采用这样的停连方式。

停连的处理方法是多种多样的。

（3）语气

作为科学的概念，首先应该对语气的内涵与外延作出严格的界定。如果界定不清，就会以讹传讹，导致概念的混乱，对实践失去指导作用。语气和语调这两个概念也曾引起过不少的争议，在实践中令人无所适从。语气是对于各种情绪的表达方式，广义的包括语意和语势。语意指正和反、定和不定，虚和实等区别；语势指说话的轻重缓急。狭义的语气指概念内容相同的语句，因使用的目的不同所产生的区别。语意的表达以加用限制词为主，语势以语调为主，而语气兼用语调和语气词，其中语调是必需的，语气词则有时可不用，尤其是陈述语气。语调是句子里声音的高低、快慢、长短、轻重的变化。由此，语气是各种情绪的表达，语调只是语气的表现形式。

当然，我们不是说把表达感情和表达语意的语调截然分开，而是为了说明单是基本语调的平、升、曲、降，不足以表现出语调的全部内容，必须在基本语调的基础上，和口气语调密切结合为一体，语意和感情才能被充分地表现出来。这些阐述对研究有声语言语气概念的形成，都有很大帮助。

语气变化表现为语调，被图解的语调叫语势。所以语势对我们来说更具有实践意义。语势指一个句子在思想感情的运动状态下声音的态势，或者说有声语言的发展趋向。语势对语气的色彩和分量是一个具有整合作用的总括性概念，而在朗读中，它具有把握驾驭作用的流动性概念。语势既反映局部语言色彩的变化，又影响全篇的基本语调。语调的曲折性规律造成的语势，必须从句首、句腰和句尾加以考察。

语势的变化是无穷的，几种代表性的图示难以描述丰富多彩的语调变化。所以，我们只是借助图示对语言表达中的问题加以描述分析。如果按照语势图示来设计自己的表达模式，就可能在表达实践中产生适得其反的效果。

（4）节奏

节奏是一种律动现象，也就是有规则的连续运动过程。生活中充满着节奏，宇宙的聚散、四季的更替、潮汐的涨落、社会的盛衰、人间的悲欢等。但是构成所有节奏现象的无非是两种关系：一是时间关系，指运动过程；二是动力关系，指强弱的变化。把运动中的这种强弱变化有规律地组合起来加以反复便形成节奏。在艺术中节奏感更鲜明，特别是音乐舞蹈中的节奏感更为强烈。音乐的节奏指长短音的交替和强弱音的反复。在绘画建筑、书法等艺术中人们也用节奏来表达一种艺术上的感受。

播音艺术是用语言艺术来表现这种节奏感的。所以，由一定的思想感情的波澜起伏造成，朗读全篇作品过程中所显示的，那抑扬顿挫、轻重缓急的声音形式的回环往复，就是节奏。在这个概念中包含了三层意思：节奏反映抑扬顿挫的律动变化；节奏反映轻重缓急的力度、速度；节奏反映声音、语言流动中的回环往复的特点。节奏主要有以下四种基本表达方法：

①欲扬先抑，欲抑先扬

声音由低向高运动为"扬"，由高向低下滑为"抑"。抑扬的变化服从表情达意的需要，抑扬的层级幅度也随着感情分寸的变化而变化。但是，抑扬的变化是相对的，没有"抑"就无所谓"扬"；没有"扬"也就无所谓"抑"。如果说"扬"是表现一种亢奋的情绪，那么首先需要界定亢奋的程度，"抑"的反衬就反映出了这种程度。以"扬"反衬"抑"，也是同样的道理。

②欲慢先快，欲快先慢

"快"与"慢"也是对比的关系。"快"往往表现一种"紧张"的情景，但是要表现出"紧张"的程度，需要有一定的参照"系数"。所以，戏曲对这种情景的表现有"紧拉慢唱"的说法。这其中的道理与播音表达要求是一致的。

③欲重先轻，欲轻先重

"重"与"轻"也是相比较而存在的。节奏的轻重主要表现为语气的分量，"重"指的是意义或情感被强调的程度。"轻"与"重"还和声音的虚与实有关系，虚则显得轻，实则显得重。

④加强对比，控纵有节

节奏的变化是在对比中表现出来的，"抑扬""快慢""轻重"都是矛盾的统一体。但是对比是适度的、协调的，不能为了对比而失去控制。所以，轻重缓急都应张弛有度，才能形成语言的节奏和韵律。这种节奏既反映汉语音节、语句的自然节律，也表现跌宕起伏的丰富情感。

语言表达的手段并不是孤立存在的，重音、停连、语气、节奏和停连相互影响、彼此关联，它们都被统一在篇章的内容、主旨和思想感情的运动状态中。

（二）阐说式播音

1. 阐说的语境特点

阐说的语言环境带有理性的特点，它是在叙述和阐发的过程中报道事件的。带有明显的评论色彩和探讨价值，并展现以下三项突出特点：

（1）时间效率高

阐说往往是对新闻事件的同步报道，而新闻事件是发展的，是一个动态过程。

所以阐说要根据事件发展的客观情况，随机应变，及时给予说明。无论它需要重复多少遍，都必须随着事件的结束而结束。所以时间是被限定的，没有反复斟酌、充分酝酿的条件，也没有事后修改的可能。

特别是现场直播的报道，只能一次成型，在这种情况下，语言的调动和组织都带有较大的随机性，否则将难以捕捉或描述瞬间发生的新闻事实。由于时间紧迫，因此要求语言简练，言必有中。这就需要事前的判断准确、事由的说明清晰、事后的评点恰当。在这种环境下生成的语体虽显粗糙，却较为朴实、生动、真切。

（2）空间跨度大

偶发的新闻事件往往不受空间的限制，而阐说又大多是在事件发生的现场进行的。在现场环境中，常常会面临一种纷繁复杂的局面和许多不可预知的突发情况。但是，这种环境因素往往又是可以被利用的新闻事实。在现场报道中，音响、画面和语言都是说明事件的重要因素。譬如，当重要音响出现时，主持人或记者要突出音响，不能让语言淹没音响。同理，当关键的新闻场景出现时，也不能试图转移观众的视线，因为在这种情况下，让受众耳闻目睹的事实比叙述出来的事实更有说服力。所以，就需要充分运用这种环境因素来阐发事物的本质现象。

环境因素既是现场阐说的组成部分，同时也会形成对阐说的一种干扰。如环境噪音对广播拾音的干扰、环境采光对电视摄像的干扰等。克服这样一些干扰，就要对环境因素有所选择，对报道角度和阐说重点进行适当地调整。

（3）情境因素多

情境因素是在特定的社会心理氛围中产生的。阐说伴随着采访活动，与被采访对象进行互动就会形成一种情境。由于双方处于一种临时形成的特定关系之中，因而，对话语形式的选择和话语内容的理解都要受到制约。环境越复杂、被采访对象越多，情境因素的影响就越大。所谓射箭要看靶子，弹琴要看听众，就是指要根据对象的身份、职业、性格、处境、心情等，选择对方愿意接受的话语方式，以达到预期的表达效果。实际上，就是指善于利用情境与各种人交流的能力。

与不同的采访对象随机交谈，也是记者、主持人的一项基本功。在不同的环境中、面对不同的对象，谈话方式当然就不一样。由于他们都是与事件有关的人物，所以话题相对比较集中，只是观点各异，提供的情况多样。这些都为主持人、记者及时提供了丰富、新鲜的话语资料。

2. 阐说的基本规律

阐说就是叙事评理，它的主要目的就是通过表象，来揭示蕴含在事物内部的真相，进而阐发事物发展的必然规律。它要遵循以下三种规律：

（1）出口成章，阐发新意

阐说在大多数情况下是在现场进行的。由于现场的情况千变万化，这种阐说总是边听、边看、边想、边说，紧扣事件发展的动态。在头绪纷乱的现场中，要善于捕捉与事件有关的细节要素，准确地把握住事件发展的脉络，做到条分缕析、心中有数，并紧紧围绕事件的来龙去脉，即兴阐述、恰当评说。不能因为身处纷繁的现场，搞出许多"花絮"来，令人不知所云，甚至离题万里。这就需要主持人或记者具有较强的语言组织与表达能力、丰厚的文学涵养、广博的文化知识。面对变幻不定的现实，能够迅速抓住要旨，言之成理、语出成篇。

（2）利用情境，据实讲解

现场的音响或画面都是一种新闻事实，也是一种情境意义。人们耳闻目睹这些社会现实，就更加信服。主持人利用这些情境意义据实阐述，可以把话说得比较简练，也更具有说服力。在这样的场景中可以利用的因素比较多，人物、景物、实物、氛围等，都是可以利用的。只要选择恰当、使用适切，就会形成特有的表达魅力。这就要求主持人必须始终保持一种敏锐的观察力，以及冷静、机敏和随机应变的语言表达能力。

（3）言近旨远，语随境迁

现场事件是按照时间顺序发展变化的，这就注定不能对动态中的事物进行过多的渲染和铺陈，只能择其要义，用最通俗、简练的语言揭示事件的深刻内涵。在阐说新闻事件时，时间是有限的，空间却是无限的，既要依循时间发展的脉络，又要包容空间延展的概貌。这往往是现场报道所面临的突出矛盾，时间的紧迫要求言简意赅，空间的延展又要求蕴意丰富。在这种情况下，去力争做到以下三点：

第一，依据不同语境的表达需要来选择语词中的同义形式，修饰和调整不相适应的言语形式，甚至创造特殊的表达方式。

第二，利用情境因素来排除歧义，使语言中的多义和歧义现象获得明确的单义性。

第三，利用语境中特定的情境意义补衬语言本身的意义，表达出更多的言外之意。

3. 阐说式的播音方法

主持人在广播电视节目中会出现于各种场合，报道的目的也不完全相同。但是，就节目形式和阐说的内容来分析，大体上会使用以下四种阐说方法：

（1）动态报道

动态报道也叫现场报道，是一种边观察、边采访、边口述的报道形式，它的突出特点是现场感强。动态报道要注意发挥以下语言特点：

①口齿清楚、表达流畅

目前存在的主要问题是：从事口头报道的广播电视记者往往比较注重报道手段，忽视了语言表现能力，经常会出现吐字不清、语音失范甚至夹杂着方言土语的现象。我们之所以把它纳入"播音"的范畴，是因为它们都是媒体语言，都应遵循共同的语音规范和表达要求。

②通俗生动、简洁准确

口头报道是一种调动听觉感受的形象语言，不但要求通俗易懂，还必须简洁准确，这样才能给人以真实感、亲切感。

通俗化的一个重要原则是要具体化，避免抽象化。通俗化的另一个重要原则是要采用符合规范的、大众的口头语言。这里既需要遵从普通话的词语、语法规范，也主张尽可能少用或不用俗语、俚语、行话、术语。生动就是要形象化，避免概念化。具体化、形象化的语言，给人以实感，实的东西可以看得见、摸得着，很快在脑子里形成印象。只有感觉到了的东西才能激发人的情感。简洁准确就是要删繁就简，言必有中。这是由现场报道的时效性和动态性所决定的。任何一种语句繁杂、缓慢冗长，多修饰，隐讳曲折的语言形式都不适宜用于口头报道。

③明察秋毫、反应机敏

新闻现场纷繁复杂，千变万化。记者、主持人要时刻保持冷静的头脑，敏锐的观察力。这样才能在事件突变的情况下，镇定自如、随机应变。临场慌乱常常是在缺乏细致观察、心理准备不充分的情况下发生的。一旦发生这种情况，就会失去一些重要的报道细节，造成难以弥补的损失。

当然，有些情况可以事先了解，也可以打腹稿，或做点儿文字准备。可是，一般来说，能够使整个报道更生动、更有真实感的往往是现场捕捉的东西。

（2）现场解说

现场解说是在现场直播或实况转播的情况下，伴随现场活动的过程进行的解说和评述，主要有现场解说、球赛解说、演出文艺解说等。它与现场报道不同，它不是在活动中进行报道的，而是位置相对固定在现场的一种播报方式。当然，也会有与现场报道相互配合的情况。现场解说具有以下四个特点：

第一，与新闻活动在时间上是同步的，是在事件发生、发展的同时用解释性话语报道现场实况。这与现场报道有类似之处。所不同的是，现场解说主要是对宏观场面的直播，而现场报道兼有微观动态的报道。

第二，新闻一般是组织活动，所以报道是完整的。现场解说的对象一般不是突发事件，而是事前有所组织和安排的活动过程。按照活动程序需要做些必要的准备，如撰写解说基础稿或提纲，尽可能占有与活动有关的材料和资料，进行一些事前的采访、制订直播计划、采取一些技术措施等。

第三，现场直播的解说与事件发展同步，一切技术工作的重点都在现场。一般来说，现场直播的技术要求比现场报道要求高。使用的设备、动用的人力也要复杂一些，在大多数情况下要使用转播车等直播设备。现场画面的剪接、音响的调度等都在现场完成，由转播导演来进行切换组接。现场解说配合导演意图，对切换的场景进行解说，不可游离或跳脱。

第四，现场直播是一次完成的，不可重复。现场的实况是同步直播的，如果重播或再做事后处理，就属于现场实况录音而没有了直播的意义。在这种情况下，也可以在后期制作时做配音处理。

体育解说与现场解说的性质、作用基本相同，所不同的是体育解说面对的是更多不可预知的因素，因为赛场的风云千变万化，输赢得失难以预料。所以，解说者必须具备丰富的体育知识、临场应变能力，以及伶俐的口才。

（3）口头评论

口头评论一般是指记者或主持人在新闻现场，针对某种新闻事实或社会现象即席所作出的评论，从夹叙夹议的表达特点上分析，类似于"新闻述评"。但是与一般"新闻述评"不同的是,这种评论往往带有个性特色和口语色彩。所以他们并不是一般的主持人,在媒介中的影响和作用也非同一般。

口头评论一般有两种形式:一种是三言两语的"点评",就是在对事件的客观报道后或报道过程中,就新闻事实所发表的随感式的简短言论;另一种是短评,它是就某种社会现象或新闻事实所发表的较为系统的见解或论述。一般在节目中占有专门的时段,辟有固定的栏目。

①点评

点评主要反映为主持人在报道过程中对新闻价值的一种提示,要言不烦、点到为止。

②短评

以主持人身份作出的短评,主要还是随感式、探讨式、启发式、商榷式的,而绝不能居高临下、以势压人。因为它主要还是代表着民意,而不是法令。

(4)阐说新闻("说新闻")

最初人们只是要求把文字稿变成自己说的"话","读"起来像"说"的。但是,仅仅满足于"读"得像"说",显然不是"说新闻"的初衷。人们从各国广播电视新闻传播经验中得到某种启示,广播电视与报刊不同,它在说明新闻事实的同时,还可以阐发新闻价值,使人们更容易理解新闻的意义。这也正是广播电视新闻所具有的独特优势之一。实践表明,"说新闻"不但是可行的,而且很受大家的欢迎。我们可以看出,"说新闻"实际上就是主持人对新闻事实的一种阐释方式,所以,把它说成是阐说新闻可能更准确一些。"说新闻"并不简单,它不仅关系到语言表达方法的问题,还关系到传播者个人素质和新闻体制的问题。同时,要"说"得准确、"说"得客观、"说"得真实,还要"说"得自然、"说"得亲切、"说"得深入浅出,如果说"有稿播读"是一门专业、一项艺术,那么毫无疑问,"阐说新闻"是一门更深的学问,更值得探讨的一种播音艺术。

(三)谈话式播音

随着社会的进步和发展,广播电视正在顺应现代社会民主政治建设的需要,越来越多的广播电视节目都在创造一种双向交流的情景。譬如,广播热线电话节目、信箱节目、对话节目，以及电视中的谈话节目、嘉宾参与节目、访谈节目等等。这类谈话式节目，目前已经成为收听、收视率较高的节目，深受群众的欢迎。当广播电视中出现这样的情景时，必然要求使用相应的谈话语体。

1. 谈话的语境特点

谈话一般都是在和睦、愉快的语言环境中进行的。俗话说"话不投机半句多"，指的是无法进行深入交谈的消极语境。它主要具备以下三个特点：

（1）言来语去

谈话是一种双向交流的过程。没有对象的谈话，只能是内心独白。所以，谈话是以言来语去的方式组成这种交流关系的。这种交流又是亲切、真诚的，所以不应该是"背对背"，而应该是"面对面"的。这种交流又是一种允许别人回应的平等关系，所以它应该是"一应一答"或者说"一对一"的关系。尽管谈话的场合有时常会有人群聚集，或者出现"一对众"的谈话情况，但是谈话交流的目的只能针对具体的"一个人"。如果转对"众人"谈话就变成了阐说或演说。换句话说，谈话与阐说在语境上的最大区别就是"一对一"，还是"一对众"。

（2）情境宽松

邀请对方谈话，一般都会选择适宜的场所。不同的场所会提供不同的谈话意趣和氛围。朋友相聚，总是轻松愉快的，一般会选择家居客厅、风景胜地等；工作谈话比较严肃，一般选择办公室、会议室等正式场合；邀约谈话，则会在一些茶馆、饭店等非正式场合，不同的场合对谈话的效果会产生不同的影响。

另外，谈话场景中可以利用的因素是很多的，人物、自然景物、实物、情境气氛等都可以利用，只要选择恰当，使用适切，就会形成特有的表达效果。

（3）意趣相投

没有共同语言很难谈到一块儿去，即使凑到一块儿，也无话可说。生活中经常会出现这样的情况。所以谈话是一种完全自发自愿的交流活动，没有共同语言当然就不能够构成谈话的动机。所以，无论是邀请的嘉宾，还是现场的群众都应有所选择既要具有一定的代表性，也必须是具有共同兴趣的。

在广播电视谈话节目中，也曾出现过因话不投机而导致谈话中断的情况。譬如，北京电视台2001年10月27日播出的《国际双行线》被邀嘉宾因与另一位嘉宾在艺术观点上见解不同，拂袖而去，使得事先安排好的节目程序被打乱，谈话无法继续。出现更多的情况是，嘉宾虽有不同观点，但还是硬着头皮应付下来，导致谈话的效果很不好。由此看来，谈话的语境必须是轻松的、随意的，不能一厢情愿，更不能强加于人。

2. 谈话的基本规律

谈话既然是交流，就不是自说自话，更不是喋喋不休。它既是言来语去的关系，也是心领神悟的默契。一般呈现以下基本规律：

（1）通俗口语

由于谈话是随想随说，来不及字字推敲、句句斟酌，因此，不仅句子简短，而且经常采用熟语、俗语等句子和词语。语法上多采取口语结构，口语句式一般表现简练、松散、灵活。这样的话语都是日常生活中大家耳熟能详的，所以一听就懂。当然，它也同时存在着重复、啰唆、词序颠倒，易受环境干扰等缺陷。

（2）形象生动

由于是面对面的交流，因此一般都会出现大量副语言的成分。相互间会借助手势、姿态、表情、眼神等帮助表达。同时，谈话对环境的依赖性较强，环境对语意的传达也会产生一定的影响。在日常生活中，谈话地点的选择一般总是和话题有关。或上门会友，或邀友聚首；或家居叙谈，或饭店宴请等，广播电视的谈话节目也会根据内容和话题的需要，设计适宜的环境来增加大家的谈兴。这些环境因素与谈话内容融合在一起，就形成一种浓郁的、亲如家人的情感氛围。

（3）适于交流

由于句式结构比较自由，因此谈话可以根据对象对语意的理解程度作出灵活调整，应对如流。谈话的双向性，使得反馈及时，可以不断弥补表意不足的缺陷，作出补充性的说明。这种语体沟通及时，便于理解。有许多书信往来难以表达、不能解决的问题，往往通过面谈取得共识、达成谅解。特别是许多重大的社会争端或疑难问题就是通过谈判最终得到解决的。从谈话内容上分析，它主要由话题、谈资、观点三部分组成。首先，要针对不同的谈话目的，选择适宜的话题；其次，为了使谈话积极有效，还要搜集足够的谈话资料；最后，要实现谈话的目的，就要表明基本的观点。谈话是人类交往和思想交流最基本的一种社会行为，也是维系各种社会关系的主要方式。实践证明，广播电视中的谈话节目在促进民主政治建设、发挥舆论监督作用等方面是积极、有效的。目前，它已经成为广播电视中最受欢迎的一种节目形式，所以很有深入研究的必要。

3.谈话式的播音方法

（1）人物访谈

人物访谈就是采访性的谈话活动。主持人访谈实际上就是由记者采访演变而来的，也就是说当记者的采访报道被固定在某个新闻栏目中经常出现时，它就是"主持人访谈"。

与一般的采访活动不同，访谈既是记者（主持人）与被采访对象之间的谈话过程，也是一种面向受众公开的谈话交流活动。在采访过程中，记者要向采访对象了解情况，采访对象要给予记者一些情况，这种情况的"取"和"予"，是记者和采访对象之间关系的内容和实质。可以说，记者在采访活动中所进行的一切活动，都是为了顺利地解决遇到的各种矛盾，把新闻报道所需要的材料"取"到手。事实上，这仍然是广播电视访谈活动的基本规律。艾丰同志还提出了"取"和"予"的六项条件。

从取方（主持人）对予方（采访对象）的要求来看：一是具有他所需要的情况或材料，二是愿意谈出这些情况或材料，三是善于表达或传达这些情况或材料。可以把它们简单地表述为"有情况""愿意谈""善表达"。

从予方对取方的要求来看：一是对方想知道哪方面的情况，二是自身谈话在他那里引起什么样的反应，三是这次谈话会有些什么样的后果。简言之，希望主持人"要求明""反应灵""交底清"。理想的访谈活动就是由这六项条件来决定的，缺乏其中的任何一项都会产生障碍，使访谈不能正常进行。其中"有情况"是最重要的一项条件。

（2）深入交谈

如果说访谈是"一对一"的"取"和"予"的关系，那么交谈就是多方交流、"共享"和"分享"的关系。话题是大家"共享"的，感受是"分享"的。没有共享的话题，就会"话不投机半句多"，谈不到一块儿去。感受不能分享，心灵就难以沟通，不能形成交流的氛围。

①言遂人意

选择大家共同感兴趣的话题是共享的前提条件。选题有三个基本要求：重要性、普遍性、相关性，也有人概括为群众关心、领导重视、有普遍意义。

②语随境迁

交谈是在一定的场景中进行的，要么是演播室内，要么在演播室外。演播室的环境是刻意布置的，而演播室外环境是可以选择的。谈话双方言语形式的采用、言语内容的理解，都要受到这个场景的影响。这种影响，既有被制约的一面，也有可利用的一面。如何利用语境作用，来改善、提高交谈的效果，是谈话节目不能不考虑的重要问题。

③心相照，言相通

成功的交谈不是一场比赛，而是一种相互满足的语言交际。除争辩和辩论之类的交谈外，谈话中不会有谁胜、谁负的问题。在节目中要形成充分交流和亲切恳谈的氛围，需要四个必不可少的重要因素：真诚相待、充满关爱、善解人意、轻松愉快。这种氛围主要靠主持人去营造，但是选择好嘉宾和群众也是不可忽视的重要因素。

（3）随意侃谈

随意侃谈是指那种带有调侃、谐趣、幽默的谈话方式，也可以把它理解为"清谈"。实际上，国外电视中早就存在这样一种节目形式。侃谈主要具有以下特点：

①随意漫谈

随意漫谈既不同于目的明确的访谈，也不同于言来语去式的交谈。它可以兴之所至，娓娓道来。但并非只是漫无边际、海阔天空地交谈，只要是围绕某一个共同感兴趣的话题，都可以娓娓道来，各抒己见，随意调侃。

②妙趣横生

妙趣横生的谈话一定是引发大家共同关注的逸闻趣事，谈话以"笑谈"为主，即便是严肃的话题也需要加以"稀释"后，融入诙谐幽默的成分，以适合这种宽松的话语氛围。

③闲适安逸

闲适安逸的谈话环境氛围一定是轻松自然，无拘无束的。人们也只有在紧张的工作之余，才能够有闲情逸致，彼此逗乐，相互调侃，以放松身心。

④会所聚谈

参与这类谈话，一般会选择适合侃谈的场所，譬如，环境优雅的茶馆、酒店、咖啡馆等公共场所，这些场合比较容易聚集人气，也容易无拘无束地展开话题。来的都是和自己相知相熟的亲朋好友，可以毫无顾忌地畅所欲言。不会因为不同民俗、不同信仰、不同种族的文化禁忌而导致话不投机。

二、主持艺术创作的方法

（一）主持传播的方法

广播电视节目作为一种传播形式，主要存在于大众传播的过程中。主持人节目之所以不同于以往的广播电视节目，是因为它在大众传播的过程中又注入了人际交流和互动的因素，从而创造了一种复合形态的传播模式。它的本质特征就是在大众传播的过程中进行信息的接力传承，又在个人（人际）传播的情境中实现传播致效。

传播学者们认为，这种复合形态是一种理想的传播模式。但是，要将人际传播和大众传播媒介成功地结合在一起，就需要一定的技巧和主持人的努力。这种传播活动有别于以往的播音创作，它主要是在两个方面着力：一是讲求语言艺术，二是把握非语言传播效果。

1. 语言传播

脱口秀原意是指一种以谈话为主的节目形式，后被港台的翻译家按音义结合的方式，译解为"主持人"的代名词。不可否认，主持人传播活动的主要手段就是使用有声语言。所以主持人是需要讲求语言艺术的。过去我们讲求广播语言特点，主要是从遣词用句的口语化特征入手，在表达上也侧重于对书面语体（文体）的转化形式——朗读的研究，并已形成了播音学科体系。直到今天，有些专业教材中还把这种"文体播音"看作唯一的传播手段。朗读是一种口头语言的功能性变体，不能否认，它也是一种语言艺术，这种语言艺术也曾经是适应了传统广播电视播出需要的。实践证明，世界上没有哪一家电台、电视台是不需要读稿子的，只要它还具有社会传播的功能，广播电视中的朗读就还会继续存在下去。

当然，随着广播电视节目日益丰富，特别是主持人节目的出现，创新语言的表达形式必然会被提到讨论的日程中来。这就需要我们把握更多的口头语体传播形式。譬如，口头报道、现场解说、说新闻、访谈、交谈、侃谈等。应该说，它们都是广播电视的语言传播艺术，也是主持人的基本传播手段。把"脱口而出"的表达方法（"无稿播音"），引入到广播电视语言中加以研究，大概还是近几年的事情。广播电视的口头语体显然是一个重要的研究领域，也是广播电视摆脱"办报模式"的重要途径。

现在人们正在研究并完善这些语言传播手段，并需要在实践中不断加以总结提高。不能因认为这种节目形式是从海外、港台借鉴过来的，就把"港台腔""洋泾浜"当成主持人的语言特征了。应该说，传播语言的民族化、大众化、规范化仍然是我们所追求的方向。如前所述，主持人节目是复合传播的节目形态，主持人既要面对"大众""群体"，也需要面对个人。"对什么人说什么话"，既是"语境规约"，也是传播交流方法。所以，从传播学的角度着眼，主要考虑语言是对哪些人说的，怎样说的问题。

（1）大众传播中的语言——对大家说

大众传播面对的是大量隐匿的、分散的、文化层次多的、身份不确定的受众，面对这样一个庞大的社会群体，要进行有效的传播，是很不容易的事情。我们在寻找大众传播的有效方法时，需要从两个基本的方面来着眼：一是语言讯息的抽绎度要低，二是语言讯息的冗余度要适当。

语言的抽绎程度有高低之分，抽绎的程度越高，它与具体实际的依存关系越间接。大众文化对生活的抽绎度低，没有高雅艺术那么精致。但是，它却最接近普通人的生活，可以最大限度地为人所理解，满足不同受众的需要。可以说，大众传媒是通俗文化生长的土壤和条件。如果以高雅文化来苛求这类媒体，以晦涩为深奥、以矫情为清高，那么就会违背大众传播的自然规律，远离受众的实际需求。有效传播的一个秘诀是把一个人的语言保持在听众能够适应的抽象程度上的能力，以及在抽象范围内改变抽象程度的能力，以便在具体的基础上谈论比较抽象的内容，使读者或听众能够不感到困难地从简单熟悉的形象转到抽象的主题或概括上来，并在必要时能够再回到原来的形象上去。如何寻求合适的抽象程度和抽象数量是我们在使用语言中经常碰到的一个问题。由此看来，主持人的语言能力不在于华丽的辞藻，更重要的是能否用朴素而通俗的群众语言，说出深刻的道理。

大众传播媒介被称为"闲暇媒介"，因为它总是在人们的闲暇时间被感受，或者说是在一种"非专注性"状态中随意收听收看的大众媒介。非专注收受，必然会降低语言讯息的清晰度，就必须适度增加讯息的冗余量。（重复）冗余度是指超出所需最小量的信息量的大小。语言符号的冗余性特点保证了语言在传播通道发生故障（字迹模糊、声音嘈杂、吐字不清）时，信息能够被继续传递。一定的冗余度还能为暂时遇到理解障碍的受众提供线索，同时还能为检验信息接收效果提供参照系。所以说，没有冗余度的语言符号缺乏抗干扰性。主持人口语表达中"冗余"主要有四种表现形式：用同形同义的言语方式传达剩余信息；用异形同义的言语方式传达剩余信息；用追加补充的言语方式传达剩余信息；用不同的言语代码传达剩余信息。作为大众传播中的语用策略，"冗余"是必要的，也是一种口语修辞的手段。现在主持人节目中，已经很少有那种正襟危坐、不苟言笑、字斟句酌的传播现象。但是，词不达意、重复啰唆的现象日渐增多，这与主持人的语言修养不足有关。我们提倡增加语言的冗余度要适度，也就是说以受众听清楚、听明白为最低限度，不需要再添枝加叶地增加许多不相关的讯息。

随着电信事业的发展，电子传媒的终端已经走进千家万户，使人们的休闲活动越来越集中到家庭这个特殊的环境中来。因此，大众传媒的内容和形式如何适应家庭需求就自然地被提到议事日程中来。我们知道，任何一种语言要较好地起到传神达意的作用，除了内容正确、逻辑分明、语言清晰外，还必须顺应它所处的语言环境。演讲厅、教室、影剧院、会议厅是比较严肃的公共场合，演说家、演员和教师的语言应该规范、庄重，只有这样才能说服对象，把受众的思想和情绪统一起来。家庭则是一个自如、舒缓、轻松的环境，在这样一个环境中说话不必追求庄重规范，而应该力求用亲切、柔和的语气娓娓而谈。说错了怎么办？不怕，纠正过来就行了。重复了呢？也没有关系，重点明确就行。人们恰恰需要从这种并不怎么规范的交谈中领略生活的情趣。在日常生活中，如果谁用演说家和教师的口吻和家庭中的某个人谈话，人们一定觉得可笑，一定会说他刻板迂腐、不看对象。同样，在广播电视中，主持人用一板一眼的语言说话，尽管说得字正腔圆，人们也觉得很难接受，甚至很反感。因为这种语言和它所处的环境极不协调。同样，报纸是在家庭中、休闲时的印刷媒介，如果报纸的文章也像教科书或理论刊物那样规正、严密，人们也会觉得索然寡味，这也同样是一个阅读环境的问题。

（2）群体传播中的语言——对你们说

这是指那种可以确定范围和对象的、公开的交流活动。公开型的群体交流，主要是指小群体交流的内容和形式都是公开的。其讨论的内容完全对外界公开"开放"；其讨论形式也允许小组成员以外的其他人员、特别是听众在场或旁听。在现代社会中，这种公开性小组交谈常常与大众交流的形式并存，即让大众媒介公开报道、转播小组交流的全过程或大部分过程。在西方，这种公开性小群体交流有以广播、电视为媒介公开举行的"讨论会""专题座谈""听证会"等。在我国，近年来也以电视为传播媒介，举行各种形式的座谈和"对话会"。显而易见，这类交流的目的，不仅在于小群体讨论本身，还在于通过这种讨论使观众、听众获得有关信息。因此，公开型小群体交流除具有一般小群体交流的品性之外，还有其他的特点，如交流环境的开放性；听众、观众的在场或间接在场；大众传播媒介的介入等。既然具有一定的范围和明确的对象，就是一个需要组织起来的受传群体。这个群体是围绕传播者而存在的，所以传播者的吸引力与核心作用就显得十分重要了。在群体传播中，"意见领袖"是发挥组织作用和引导作用的核心力量。如果没有这样的人物来支撑，就缺乏凝聚力，群体必然会涣散，传播就会失效。所以，主持人能否发挥"意见领袖"的作用，用恰如其分的方式展开话题，来调动群体的参与热情显得十分重要。

（3）人际传播中的语言——对你说

人际传播是作为社会个体的人与人之间的交流活动。人际传播并不仅仅意味着两个人之间的、面对面的、非正式的交流，人际传播是一种每个人都带着自身和他人的人性，以说和听摄入其间的联系。因此，人际传播就是在"说"与"听"的过程中进行交流的，而在言来语去的交流中，主持人的应变能力显得十分重要。

①用语适切

这里要说的是言语本身，在语义的调整和组织构造上，对如何与一定的交际活动相一致的问题展开讨论，也就是言语的适切性。适切，即言语不多不少，句句说到点子上，而且分寸适度，利于交际目的的实现。

A. 内容的适切

首先，言语是语言在交际中的应用，具有具体实在的内容，所表达的是人对社会生活、客观事物的体验和认识。因此，言语内容的适切是指交际活动中人的话语与客观事物、人的认识体验相一致。就是说，既不能把不存在的说成存在，也不能把存在的说成不存在；既不能把十分说成七分，也不能把七分说成十分；既不能改变事物的数量，也不能改变事物的质量。不仅能闻其言，还能观其形或听其声，为主持人把握真情、了解实意提供更多的讯息内容。根据掌声、笑声、表情、眼神等，推测出对方的真实意图。并据此采取相应的措施，调节现场的气氛。当对方兴致正高时，可着意渲染；厌烦时，则注意回避；疑惑的，多作说明；已懂的，点到为是；有成见，耐心说服；满意的，见好就收，使主持人可以言遂人意，语妙绝论。

其次，言语内容的适切，还表现为同样的意思在不同的场合应有不同的表述方法，同样的意思，对张三讲是适切的，对李四讲可能就不适切。

最后，言语内容的适切，还表现为语言的使用者与言语的情感色彩的相宜上。语言作为交际工具，无所谓情感的倾向性，而使用语言的人，则是有丰富感情、一定立场的。语言变为交际言语，经过人的头脑加工、组合，必然带有说写者的情感。如，态势语言在交际中主要起强化感情表达的作用。有人不管讲什么意思，总爱习惯性地挥动拳头，这其中，就会有许多是不适切的手势言语。

B. 形式的适切

言语内容的适切是解决"说什么"的问题。言语形式的适切，是要解决"怎么说"的问题。因为一个意思，在一定场合、面对一定对象应该说出来，但是还有说得好与不好的区别。说不好，仍然难以达到交际目的。在人际交流中做到适切有效，除要考虑对象和语境的特点以外，还有如何正确遣词用句的问题。

首先，词语有的通俗浅近，有的文雅庄重，有的抽象概括，有的形象生动，特别是现代汉语中的同义词较多，具体选用哪一个，就要根据不同的情况来确定。如表达"死"这个概念的有死、亡、故、卒、逝、轧、死亡、丧亡、亡故、去世、逝世、故世、就义等词。这些词在言语交际中，需要选用其中哪一个都有个限制，选词错误就会影响整个句子的适切性。另外，汉语词语中有些同音词，如果不加斟酌使用，也容易发生歧义，影响交际效果。

其次，言语适切与否还与句式的选择有直接关系。现代汉语不仅有大量的同义词，而且还存在丰富的同义句式。这些不同的句式，在表达重点、语意轻重、语气态度、风格色彩等方面都存在细微差别。在特定的语境里选准句式，就会收到良好的效果。例如，有位语言专家指出，许多场合醒目地张贴着禁止吸烟、严禁吸烟、违者罚款的标语，效果并不佳，往往是禁而不止。有一些公共场合则写道："谢谢您不在大厅里吸烟"，效果就好。这两句话，意思基本相同，但前者是祈使句，含有命令味道，让人看了容易产生反感；后者是感叹句，并有敬词，显得尊重人，所以别人就乐于接受。句式不同，效果也不同。

人们在组织话语表达思想时，不能在'空间的面'上进行铺摆，只能在时间线条上依次地进行单向的、一线的线性排列，组成前后连贯的言语链条。这根链条上的每一环节，都不是彼此孤立的，而是前后相依、环环紧扣，体现思想表达的脉络和逻辑线索。这就要求每一具体话语的组织都得顾及上下环节的制约，使前言后语相衔接。在交际中，前言后语相衔接的话语是适切的；不衔接，就算不得适切。有时，孤立地看一句话或几句话，毫不适切、毫无表现力，但是依靠上下文的句际关系，就成了适切的，甚至化平庸为神奇。

②用心倾听

在人们的印象中，能言善辩被看作主持人的重要能力。事实上，主持的谈话是一种人际交流现象，没有"听"的对象，就不会有"说"的兴致；反之，"说"也需要"听"的支持。因此，能说会道未必就是一个好的主持人，即便是谈话节目主持人，也总是在时说、时听的状态中来主持节目的。倾听是主持谈话类节目不可缺少的一个重要环节。但是，倾听的方式是多种多样的，没有一种固定的模式。它根据谈话的场合、对象、题旨、氛围等的不同而有所区别。大致可以分为以下三种情况：

A. 对话式的倾听

对话式的倾听是人们"直面对方"地听。这种对话式倾听意在纠正人们只听一种声音的认识偏差。对话式倾听不同于"一边倒"式地听。比如，有的人一说起话来就毫无节制，只把他人当成自己的听众，而不考虑交流的需要。对话式的倾听走出了这种误区，克服了"听"与"说"相互脱节、彼此分离的问题。在谈话中，"听"不是单纯地听，"说"也不是单纯地说，"听"与"说"交织在一起、互为依靠。这种对话式的倾听充分反映出人际传播的互动性、协调性与合作性。言说与倾听如同人的呼吸，一呼一吸，一吸一呼，两种状态交替出现，这才是一种正常的、充满活力的状态。

B. 参与式的倾听

倾听是一个需要积极参与的过程。这种参与包括积极思考与提问，对所听到的内容进行复述和反馈，及时回应传播者谈论的问题等。实际上，参与式的听最能反映出人际传播具有合作与回应的传播特点。主持人一边听一边思考，认真倾听采访对象所说的话，提高在现场采访能不断追问、逼问、反问、辩论交流的提问水平。

C. 纳谏式的倾听

纳谏式的倾听就是要求能容纳和听取不同的意见。开放的倾听最重要的一个原则是，要使谈话产生积极的效果，就必须认真地听取别人完整的意见，把握问题的关键，做有针对性的回复。在我国战国时期，孟子有"闻过则喜，闻善则拜"的箴言。说大禹和子路都深知倾听的好处，他们听到别人说自己的缺点和不足，就非常开心，听到他人对自己的夸奖和表扬就虚心感谢。孟子以纳谏式倾听的高品格，批评了另一种"闻功则喜、闻过则怒"的"偏听偏信"。我们通常赞赏一些主持人善解人意，也是指的这层意思。换句话说，只有了解了别人的真实想法，才能够有的放矢，进行积极有效的交流。

2. 非语言传播

非语言手段是传播学的一个概念，是指除语言以外的、一切有意义的传播手段。它们大体上可以分为以下三类：

（1）环境语言

主持人节目所需要营造的是一种民主交流的氛围和平等对话的语言环境。只有在这样的环境中，"主人"才能春风化雨，"客人"宾至如归。有了这样的环境，大家才能知无不言、言无不尽、敞开心扉，充分交流思想。作为传播者的"主人"，也必须把自己放在与他人平等的位置上，双方才会真正建立起互信、互谅和互敬的关系。一旦形成了这样的关系，也就比较容易取得理想的传播效果——思想的充分交流和信息的充分共享。这样的传播环境和氛围是需要主持人去着力营造的。

虽然空间和时间是相对应的两个概念，但是在现实生活中，它们都是构成环境氛围的两个重要因素。时间因素需要考虑的是：在不同的时间段选择何种话题更为适切，如"晚间夜话""清晨恳谈""午时闲聊"等；环境因素会使人产生不同的感受，促使人们作出不同的判断；不同的节气令人们产生不同的联想，引发不同的话题。譬如：过"七夕"时人们更喜欢以天长地久、悲欢离合等为谈论的话题；中秋佳节则更适宜谈论合家团圆、思亲怀乡等内容；春节则是祈福不尽、恭贺新禧的日子；清明时节则是缅怀故人、寄托哀思的情怀等。

总之，良好的心理环境和理想的物理环境之间的作用既是相互的，又是一致的，它们都对传播效果发挥着不同程度的影响。理想的物理环境会唤起人们的兴奋、愉快等肯定性情感，从而形成一种特定的心境状态，而这种心境又会投射到周围的事物上去，可以形成整个节目情景交融的效果。

（2）身势语言

身势语言是指身姿、手势、表情等传情达意的方式。主要是以"体语"和"眼语"构成的、以动态为基本形式的非语言方式。一般来说，情动于中必形之于外。人的表情、动作、仪态，总是反映着人的某种思想、感情。伯德惠斯特尔认为，人的大部分动作就像组成词的字母和音素，是意思表达的组成部分，他把这叫作体语的最小单位表述，这些最小单位结合在一起就组成体态语言。他认为，"体态语言"与人类有声语言（言语）或无声语言（文字）一样都有特定含义。按照体态语言的表达作用，它又可以分成四种：即按照民俗习惯和特定语境表达出的象征性体语；对言语补充、强调、渲染的说明性体语；显示内心情感的面部表露性体语；暗示某种意味的调整性体语。电视播音员可以有意识地把这些体语在镜头前加以运用。比如,可以用点头、手势等代替自然语言来表达对受众的示意,也可以借助特殊的手势辅助说明,从而起到吸引受众注意力的作用等。不动的身体有各种不同的姿态,都能传达一定的信息。

身体放松与否,可以体现出人的种种内心状态,并表露出人际信息沟通状况。我们经常可以通过主持人的脸部表情来解读语言信息的全部含义。一般来说,身体的种种姿态都可以传达出各种微妙的信息。如,微微欠身——谦恭有礼;身体后仰——轻慢或若无其事;侧转身——嫌恶、轻蔑等。此外,正襟危坐的姿势叫作严肃坐姿,其余的坐姿多属于随意坐姿;深坐椅内,腰板挺直,表示傲慢、清高等。人们还认为,人与人之间的距离也表明某种含义。按照亲疏关系,社交方式可以分为亲密区、个人区、社会区、公共区等人际距离,甚至形成了一门新学科——"近体学"。因此,主持人采取什么样的姿势,采访什么样的对象,达到什么样的宣传效果,是需要认真、细心地加以揣摩并努力去实践的。掌握不好,不仅会贬损主持人的形象,也可能会传达出一个错误的信息。

"眉目传情"是体态语言的另一种表达方式。眼睛被人们誉为"心灵的窗户",表明它具有反映深层心理的功能。在电视播音时,对播音员一般都推出近景特写镜头,因此,一双"会说话的眼睛"尤显重要。一般来说,"眼语"应该从注视的时间、方式和方向,以及视线交流的角度等方面去读解。准确地理解,并熟练地运用目光,便能微妙地表达出内心的思想、意图、情感等种种信息。

（3）服饰语言

人的穿着、服饰、打扮有时会表明某种含义。在古代,服饰曾是判断一个人社会地位、职业、身份,甚至种族、家庭的标志。在今天,这些标志已经不一定可靠了,但是积淀在历史文化传统中的民族习惯、审美情趣,仍然可以通过服饰传达出某些国民气质、时代风尚、文化特色,以及个人的文化素质、价值观念与社会地位等信息。人的穿着、服饰、打扮有时也会给人以强烈的印象,表明某种含义。比如,在1995年1月17日发生的日本神户大地震中,人们看到电视台的男、女主持人都身着黑色服装,神情严肃。

服装和饰物是传达信息的载体,在特定的传播条件下,具有明确的表情达意功能。日常生活中,人们也讲究穿着得体。在新闻传播中,更要注意服饰的传播效果。对电视新闻传播者来说，服饰语言的功效和意义在于，它可以提高对受传者的吸引力，确立传播者平等亲近的地位，有利于使受传者产生从众心理，特别是可以使劝服性信息的传播达到预期的效果。记者身着什么服饰，要根据具体场合而定，如到矿井里面去采访，最好穿着工装，戴上安全帽；到农村去做田间采访，最好穿着朴素。在电视传播中，主持人、记者的服装语言，同样具有吸引受传者注意的作用，对其传播的内容也有辅助性劝服作用，犹如商场里推销时装的推销员经常身着正被推销的时装。

（二）主持"求通"的途径

主持人既是讯息传播中的媒介人物，又是万众瞩目的公众人物，所承担的主要社会责任就是沟通受众的认知和感情，传承文化价值和道德规范，协调社会关系，凝聚人心民意等。所以，他是创造和谐社会，营造和睦氛围的重要社会角色。主持人的传播活动实际上就是一种思想交流和感情沟通。亚里士多德在两千多年前就曾提出过一个观点，他认为，通过论辩或演说本身（传播信息本身）说服听众，要感情与理智并用。就是在信息传播时，既要诉诸感情，又要诉诸理性。我们今天的传播实践也一再印证了这个论断的正确性，通常我们采用两种方法：一种是运用理性或逻辑的力量，冷静地摆事实、讲道理，以达到以理服人的目的；另一种是主要通过营造某种情境气氛或声情并茂的动人言辞来感染对方，以取得以情感人的效果。沟通的本质在于理解，首先需要调整自我，才能充分理解对方。这是实现交流、沟通的前提。主持人在节目中的作为必须恪守这样一些基本原则和方法，才能够有效地与受众同道相益，共享讯息。

1. 人相知，众相望

社会是人们交互作用的产物。社会是人类进行现实活动的场所，人们在这个场所中，通过扮演各种角色，从而相互交往，形成生活的共同体。人的本质并不是单个人所固有的抽象物。在其现实性上，它是一切社会关系的总和。主持人在家庭生活中和社会生活中所充当的角色是有所区别的。如在家庭中他可能是一个父亲或者儿子；在单位里他又可能是领导或员工；在社会中的角色，可能是"人类灵魂的工程师""人民公仆"等。处在不同的社会环境和不同的社会关系中，就需要发挥出各自不同的社会角色作用。既不能用家庭中的角色意识来取代职业角色意识（"家长作风"等），也不宜用职业角色意识来支配社会关系（"好为人师"等）。所以，主持人必须首先学会正确转换自己的角色意识。

2. 言相通，心相照

语言是沟通人们思想和感情的重要工具。常言道："酒逢知己千杯少，话不投机半句多。"人们的言语交流总是在一种特定的关系中进行的，如果关系不融洽，交流就不顺畅。反之，言语也是建立这种关系的桥梁，善为说辞显然能够沟通感情，畅达意涵。主持人首先需要具备这样的语言能力，才能够发挥广泛交流的传播作用。这种语言能力的习得需要遵循以下几项规则：

（1）互敬的原则

相互尊重是文明社会的基本特征，人人都有自尊心，都期望得到别人的认可、赏识和尊重。这种需要的满足，会增强人的自信心和上进心；反之则会使人产生自卑感，甚至影响人际交流。因此，主持人的语言首先要遵循互敬的原则。

（2）互谅的原则

互谅的原则要求主持人胸怀开阔，宽宏大量，容忍谦让。这种相容的品格在中国自古就被视为人们立身处世的一种美德。在主持人节目中，特别是各抒己见的谈话节目，难免会有意见的交锋、观点的争议，有的还会牵涉到个人或团体的利益。如果事无大小，动辄训斥、指责，以针尖对麦芒，心理的距离可能就会越拉越大，话题可能就会越来越谈不拢。

（3）互通的原则

互通的原则要求主持人不要只从个人的意志、心理和需求出发来表情达意，而要多站在别人的角度和处境上，去理解对方的心理与情感、言行与需求，以求得双方在一定程度上的价值认同，从而使节目传播得以顺利进行，达到预期的交流目的和言语效果。这也就是所谓"换位思考"的基本含义。

（4）互适的原则

任何言语交际都是与某些特定的社会环境、特定的交际对象、特定的交际宗旨联系起来的。主持活动与一切社交活动一样，都是以与对方进行信息、情感交流为目的的双向互动、互补过程。要达到交流的特定目的，不仅要看表达者的言语形式能否恰如其分地表情达意，还要看交际对象能否准确理解、乐于接受。

3. 习相近，趣相投

每个民族都有自己的风俗习惯，这些风俗习惯在特定时间和空间影响着社会关系的方方面面。主持人的传播活动当然也不例外，而其中对传播影响最大也最直接的是言谈举止间的礼俗传统。中国素来被称为礼仪之邦，所以，人际交流中的礼俗也特别多，它不但贯穿从见面到分别的全过程，而且涵盖交际的各方面。

4. 意相会，理相同

在信息化时代，跨文化交流就显得越来越重要。我们不仅要学会与本国人交流思想和情感，而且要学会和外国人交流思想和情感。只有通过畅通无阻的跨文化交流，才可能达到相互间的理解、沟通和信赖，才能共享人类文化成果。

第三节　播音与主持艺术创作的分类

一、播音艺术创作的分类

广播电视节目内容是丰富多样的，节目形式也是纷呈多姿的。不同的节目内容需要有不同的播音创作形式。

（一）新闻播报

1. 新闻消息

以事实说话，追求真实、新鲜、客观，是消息朗读播报的突出特点。从文体上看，新闻是新近发生事实的报道，用概述的方法反映客观事物，要求准确、客观、及时，恪守真实性和时效性原则。播报新闻消息就需要具有较强的新闻敏感性，表达事实的态度必须是客观准确、实事求是的。新闻真、快、新的特点，使得新闻播音的语言以叙述、报告为主，以实声为主。语气朴实大方、节奏明快稳健，重音突出准确、停连合理得当，才能给人以真实感和信任感。

新闻消息播报应该注意寻找和把握新闻的新鲜点。新鲜点主要存在于事实的新闻要素中。它是消息播报的重要依据、创作过程中的表达重点。主持人的政策观念、新闻敏感、知识结构决定着新鲜点把握的程度。从表达手段上看，新闻消息播报的重音准确、停连严谨、语气稳重、节奏明快。

新闻消息播报还具有表态性，所以要注意把握好分寸感。我们说的"客观"是指对事物本质的客观认识。我们的表态是基于这种客观认识所产生的恰如其分的态度。面对客观事物的变化，没有态度或无动于衷，反而显得脱离实际、故作姿态、不够真实。

2. 新闻通讯

真实生动、感情饱满、以情感人是通讯播读的重要特点。新闻通讯是用形象化的手法报道新闻事实的一种文体。它具有很强的描绘性和抒情性。新闻通讯播读在准确、鲜明的基础上，比较强调表达的生动性。

新闻通讯形象生动的特点，要求朗读表达时充分展开联想和想象，活跃形象思维。心领神会，才能言之有物。丰富多样的情感色彩使得气息控制也变化多端。多为实、虚声相互结合的变化形式。在有声语言的表达上，一般重音灵活、停连自由、语气丰富、节奏多变。由于新闻通讯播读感情细腻、丰富，具有抒情、写实的特点，语势大多呈现跌宕多变的态势，所以对语言表现力的要求相对要高一些。

新闻通讯一般分为人物通讯、事件通讯、风貌通讯、工作通讯（经验通讯）、录音通讯、配乐通讯等。不同的通讯体裁，还会有具体的不同播音要求。譬如，人物通讯要求生动、传神，力求神似；事件通讯要求叙事抒情，脉络清晰，以事酬人；风貌通讯要求新鲜亲切，舒展自如，荡气回肠；配乐通讯则要求意境深邃、音声和谐、相得益彰等。

3. 新闻评论

是非分明、逻辑严谨、以理服人是评论播读的主要特点。新闻评论，主要运用叙事说理手段，通过对事件或问题的深刻分析，阐述对该事件或问题的见解或主张。评论的核心问题是论理，根本目的是揭示客观事物的本质，指导人们的行动。新闻评论的内容，主要是对当前实际工作的指导性意见，政策性比较强。在论述某种观点、分析某种现象的时候，必须做到心中有数，熟悉了解相关的政策和针对性，这样在语气上才能把握住分寸火候，增加对实际工作的指导意义。

评论播读态度鲜明、分寸得当、质朴庄重。在表达手段上表现为重音坚实、语气肯定、节奏稳健、张弛有致。论证方法要了然于心，这样论证才能有力，论点、论据才能清晰准确，从而达到以理服人的播音效果。

4.电视新闻片解说

电视新闻片解说，就是给电视新闻现场图像配音。电视新闻片声像结合，以画面为主，以声音为辅，声音是补充说明画面的。由于声像结合的关系，使得解说语言具有跳跃、插入、领起等特点。

解说语言的表达是为了说明画面的。所以，语速应随画面节奏的变化而变化，需要强调与画面的和谐与统一。画面无法表现的内容往往是语言表达的重点。电视新闻片解说仍然服从新闻性质的基本要求，语势不宜夸张，语气比较平稳，语流需要畅达。

5.电视专题片解说

电视专题片以真实性为基础，由于它不像新闻片那样强调时效性，所以在制作上比较考究，具有比较高的艺术表现力。也正因如此，解说语言也需要与之相适应，语言表达讲求细腻、生动、具有感染力。在吐字发声方面的特点一般表现为强控制、弱发声；唇舌力度大，吐字灵活、集中，不跳脱。从语流形态看，始终保持畅达、连贯，有明显的推进感，起到烘托画面的效果。

在注意与镜头画面配合时，解说还要和音乐、音响、画面节奏相吻合，与镜头的运动方式、景别、场景相适应。电视图像的组合有一定的讲究，体现着不同的含义和情感，解说语言都应与之配合，如远景显示开阔、中景表现实感、特写突出内涵；仰拍意蕴褒扬、俯拍表示贬斥等，画面节奏的变换和音乐气氛的烘托，都提供了不同的意境，解说语言都需要细腻地同步表现出来。当然，并不是说每个镜头都必须严格对应，而是要求在重点和特点部分着意加以表现。

（二）文艺演播

1.记叙文

记叙文包括散文、寓言、故事等文学体裁。无论记人、叙事，还是写景、状物，作者总是有感而发，抒发自己真切的感受，给人以启迪。朗读记叙文，要求叙事抒情，因事明理，语气自然，节奏舒展。

记叙文有记事、记言。一般来说，朗读记事文章时语气要平实一些，节奏速度比较从容、舒缓，娓娓道来，给人身临其境之感。朗读记言文章时则变化要丰富一些，往往要在神似上着力描摹，让人未曾谋面，如见其人。

散文是记叙文中的主要文体。散文形散而神聚。散文的朗读就要达到"神聚"的效果。无论叙事还是抒情，优秀的散文都有着深邃的意境。所以，朗读这种文体往往需要细细地品味其中的意蕴，给以恰当细腻的表现。它不需要像诗歌朗诵那样跌宕起伏，也不必像小说朗读那样绘声绘色。主要是运用朴实、真切的叙述语言，直抒胸臆，浮想联翩，给人以回味悠长之感。

2.诗词

诗词的特点是感情饱满、想象丰富、意境深邃、韵律和谐。诗词的朗读需要把这些特点都淋漓尽致地表现出来。诗词主要分为格律诗和自由诗两种，朗读的方法也不尽相同。诵诗和作诗一样，既要保留音乐的形式化的节奏，又要保留语言的节奏，要依据规律同时流露出活跃的生气。这恰恰说明朗读诗词需要一定的艺术功力。

格律诗的音乐性很强，讲究韵律和平仄，刻意分布的音节在朗读时会表现出抑扬顿挫的韵味。格律诗一般都是双行用韵，只要注意到这些韵脚的呼应，就会形成回环往复的节奏感。格律诗的节拍一般也都相同，按照词的疏密度适当划分音步。不同的格律有不同的音步安排。

朗读时根据这样的疏密度适当顿歇，能更好地深入诗的意境，展开想象，体味诗情。同时，要借"吟咏"来展示其优美的韵律，显现出它的音乐性，把诗的韵味恰如其分地表达出来。

自由诗用韵不像格律诗那么严整，因而不能把格律诗的朗读方法完全套用在自由诗的朗读上。这样才能够表现出自由诗那种豪放不羁、跳脱变化的特点。自由诗的音步，不如格律诗那么固定、均等，但是诗意中就包含着情感的律动，只要诗情需要语气作出停顿，就可以分出一个音步。一个包含音节较多的音步，节奏就要紧凑一些，音节少的就舒缓一些。诗味，就是从这种抑扬顿挫的节奏中展现出来的。不但展现出音韵美，而且显示着意境美。无论是叙事诗、抒情诗，还是讽刺诗，如果没有意境，就不能算是好诗。而表达不出诗的意境，也就算不得好的朗读。那种虽然有着声音外在的跌宕起伏，却情浮意浅，没有意境，也就难以调动听众的想象和情感，产生诵诗的感染力。

3. 小说

小说是塑造典型人物和典型事件的一种创作方法。因此，小说朗读要通俗自然，活灵活现。小说朗读要求具有较强的语言表现能力和感染能力。由于小说所提供的是一种典型的环境和典型的人物，这些都是需要调动人的想象力来深刻感受的。所以，小说朗读的语言艺术功力，就在于如何充分调动人的这种心理过程，从而产生震撼人心的艺术效果。

小说常以人物描写为主，朗读小说在表现人物上多下功夫。表现人物的形象要栩栩如生、形神兼备，抓住人物的典型特征，着意加以刻画。"言为心声"是说人的语言往往可以揭示人的内心世界，所以把握好人物语言的塑造至关重要。表现人物语言可以通过语气的变化、音色的调整、语速的差异等几个方面去把握。表现人物的行为特征，也是小说朗读的重要手段，力求让听众感觉到活脱脱人物的音容笑貌。同时，也应该注意人物心理的细腻描绘，表现出人物内在的精神世界。

小说情节是吸引人的重要因素，也是作品构成的决定性因素。小说朗读无论是讲述情节还是描述景物，都应该注意情绪和感情的变化。多发爱憎鲜明的有情之声是增添表达魅力的关键所在。表现小说情节的朗读要注意娓娓展开、引人入胜。语言越是真切朴实越能够引发听众的共鸣。所以，无论是塑造人物、推进情节还是对景物的描述，都需要朗读者充分调动自己的情感，由己达人、感染受众。

（三）生活服务

1. 专题

专题主要是指知识类、服务类稿件的播读。专题的播报不像通讯播音那样运用以描述为主的语言去塑造生动的形象，表达某种思想感情，也不像评论播读那样以评述性的语言去论证某种事理，表明态度和观点，而是主要通过说明性的语言向人们介绍事物的特征及其规律。知识类、服务类稿件的语言表达要亲切自然，根据具体的对象把握适当语气，以增强交流感。这类节目的朗读语言都需要讲求科学性和条理性，用比较清晰的思路阐述事物的来龙去脉，揭示其中的奥妙和规律。以诲人不倦的态度，来提高人们认识事物、辨别是非、预测未来的能力。这类稿件的播音语气是诚恳的，节奏是稳健的，多用比喻性重音和判断性停连。

2. 广告

在推进社会主义市场经济建设的过程中，广播电视不仅在其中发挥着巨大的能动作用，而且也越来越多地介入到了市场经济的大潮中。广告事实上已经成为广播电视赖以生存的主要经济来源。广告播读的好坏，直接影响到产品的形象和市场的繁荣。它具有商业宣传性、信息性、艺术性、诱导性、服务性等特点。广告语言简练、生动，根据广告的总体宣传要求，必要时运用渲染、夸张、表演等多种语言造型手段，来树立广告商品的形象，刺激人们的消费欲望。同时，广告还起到一种影响和促进新的消费观念、提倡和改进生活方式的作用。广告语言的艺术性丝毫不亚于任何一种艺术语言的艺术性。

3. 气象

气象节目是广播电视中收听、收视率较高的节目。过去只把气象节目看作一般的天气预报，对它没有提出过高的播报要求。但是，近几年气象节目突出了服务性，增加了许多与百姓生活直接相关的内容，越来越受到群众的欢迎。怎样播报好这类节目已经引起了大家的重视。

气象节目播出的是阴晴雨雾的天气状况，但是，不同的天气变化给人的感受也是不同的，会对人们的心境产生某种影响。气象信息的播读，应该首先了解在不同气象条件下，对人们生产、生活可能会产生的影响。尽管没有必要过多渲染自己对天气状况的感受，但是，在语言表达上表现出对群众的关心和爱护，就会让人感到亲切、可靠。在好天气到来时，给人们增添一些好的心情。即使播报的是即将到来的灾害性天气，也会增加人们抵御自然灾害的信心和勇气。

二、主持艺术创作的分类

（一）广播节目主持

1. 声情并茂，感心动耳

（1）形象生动的话语色彩

广播是说给人听的，要想达到"闻其声如见其人"的效果，就需要通过语言的确切表达，来调动听众的想象力。也就是说，广播语言表达要形象化，不仅让广大听众能够明白语义，还要让他们感觉到具体的形象，从听觉的感受中激发视觉、触觉、味觉等联觉反应。这样的广播，容易让人理解和接受，并留下生动、鲜明的印象。广播语言形象化有三个基本要求，即具体、质朴、生动。

（2）明白晓畅的表意方式

广播主持人的声音，事实上是通过声波和电波转换以后被收听到的声音，在这样的转换过程中，或多或少会影响到语言的清晰度和可懂度。收听广播，主要是受众感知话语讯息的活动，因此，广播要特别注意保持语言的清晰度和可懂度，以便于听觉的辨析和鉴别。听其声便能解其意，避免由语音模糊、异体同音字造成的误听和误解，听众只有清楚地分辨语音，才能正确地理解语意，所以，清晰度和可懂度是衡量广播语言的两项重要指标。

（3）简洁明快的耳感语言

简洁明快的语言是广播主持人语言的一项突出特点。语言越是简洁明确，在听觉上就越容易感知、越容易理解。广播是线性传播过程，没有其他辅助表达的手段。而语言讯息转瞬即逝，它不能像报刊一样被展开细细阅读，反复理解。所以，无论是新闻还是专题，都应开宗明义地将要讲的事实和观点直截了当地告知听众。任何晦涩难懂的表达方式都不利于广播的传播效果，会失去语意的明确性，人为地造成听觉上和理解上的障碍。

2. 把握规律，明确目标

（1）限定话题范围

"热线电话"节目的双向交流作用过去显然是被夸大了。也许这个问题只有网络传播才能够真正解决。广播是大众传播媒介，如果仅仅是为了解决个别人的问题，尽可以打私人电话来沟通，不必引入广播。既然引入广播，主要还是为了面向大众。电话和广播的连通主要是为了便于群众参与大众传播活动，而不是反过来为人际交流服务。如果因此而动用公众媒介，那么这样的社会成本就太高了。所以，我们必须选择电话中带有普适性的内容，在大众中加以传播。哪些是具有普适性的内容呢？这是需要用栏目宗旨来明确规定并加以过滤的。

栏目可以起到分类过滤的作用，要是栏目宗旨不具体、不明确，节目中就会混杂大量无序的"信息垃圾"，难以梳理。试想，如果"心灵之约"只谈情感问题，怎么还会向你提出历史问题和政治问题呢？即使提出来了，也是理所当然应该婉拒的。再试想，如果点歌节目只是为愉悦大众而服务，也就不应该漫无边际地东拉西扯。同理，法律咨询、消费投诉、家政服务等也都不应该越俎代庖，把自己当成"救世主"，包揽一切。目前，出现问题最多的就是"夜话节目"，一些电台为了满足24小时的直播需要，对这类节目都没有明确的规定，主持人什么电话都接，什么话题都谈，只是一味地打发和消磨时间，甚至还有人把它称为无主题节目。热线电话直播节目如果都有一个明确的话题范围，凡是超出话题范围的，一概不接、不答，那么就要容易控制得多。现在我们的这类节目几乎都办成了可以无所不谈的聊天节目，失控就是在所难免的了。社会问题是复杂的，特别是在社会转轨时期，一些社会矛盾会引发一些新的思想问题。热线电话面对社会开放，就增加了许多不可预知的因素。如果不限定一个相对集中的话题范围，就很容易陷入一种无序状态。反之，主持人把话题集中在某一个（学科）范围内，他就可以深入研究话题所涉及的知识领域，从而使这种话语权更具权威性，也增强了自己的控制能力。

（2）明确谈话对象

热线直播节目不仅需要在话题内容上有所限定，参与话题讨论的对象也应该明确在一定的范围内。明确了具体的交流对象，主持人也就更容易把握对象的特点，熟悉对象的所思、所欲、所为，既能够言遂人意，也可以语随旨遣，从而提高节目的控制力。所以在对象性节目中设置"热线直播"往往更容易使节目得到控制。对象的模糊实际上也就意味着信息清晰度的下降，清晰度不高的信息在广播中频繁出现就很容易产生误导的倾向。

（二）电视节目主持

由于广播与电视的传播规律有很大的不同，因此节目的主持方式也有不同的要求。在讨论电视主持艺术时，就必须从电视主持人节目的两个基本要素着眼，即交流和引导。

1. 交流是主持的形式

当传统媒体只能面向大众广而告之时是没有直接交流关系的，但仍然需要感情上的交流，如传统学科——播音学中就十分强调"对象感"的作用。播音员、主持人必须感觉到对象的存在和设想对象的反应，必须从感觉上意识到听众的心理、要求、愿望、情绪等，并由此调动播音的思想感情，使之处于运动状态。这样的交流对象是被虚拟出来的，目的是调动播音员、主持人的创作激情和交流欲望。

（1）形成交流关系

人们有了社会交往，才有了交流，产生了社会关系。因此，社会交往是构成社会关系的基础，社会交流显示出人们在社会关系中最基本的活动过程。从这个意义来理解，既然社会交流是人们交互作用、交互影响的方式和过程，那么，凡是单方面的行动，都不是互动，也不是交流。主持人节目的主要特点就是它的交流性，没有直接的交流活动，显然也不需要"人"去主持。譬如，传统节目中传播者只承担"转述"（读稿）之责，不存在那种言来语去的直接交流关系，当然就不能被看作"主持人"。从严格的意义来说，"主播"与"主持"也是不同的概念，他们之间的区别就在于是否有交流活动。交流活动需要有交流对象，并形成节目所需要的互动关系。显然，主持人节目的交流对象就是嘉宾、来宾和受众。

（2）创造交流情境

我们也可以把主持人节目中的话语环境看作一个"意见交流的场域"。在交流研究中，"情境"特指发生在不同条件、背景、境况中的交流情形，也可被看作发生在不同情形中的交流系统。这些系统，既具有各自的结构、要素、形式、功能和品格，同时又相互联系、逐次包容，具有一定的层级性。

在这样一个树状的层级系统中，人的心理活动——"内向交流"位于最底部，并与其他的交流情境相互重合。这意味着内向交流是一切其他交流情境的基础，并被包含于一切其他类型的交流情境中。"大众传播"则可以包容一切其他形式的交流情境，并具有最大的"交流规模"和"覆盖面积"。

人的交流传播行为和过程，实际上都是发生于这种或那种交流情境之中。这样，人作为交流者，作为交流系统最重要的构成要素，其行为在本质上受到他所处的交流系统的制约。也就是说，主持人节目在不同的交流情形中，有着不同的交流行为，很重要的一点，是受到各类交流情境相互作用的影响。

（3）激发交流热情

①巧发奇中，语妙天下

谈话是一种面对面的交流活动，不仅能闻其言，还能观其形或听其声，这样就为主持人把握真情、了解实意提供了更多的讯息内容。根据掌声、笑声、表情、眼神等，推测出对方的真实意图，并据此采取相应的措施，调节现场的气氛。当对方兴致正高时，可着意渲染；厌烦时，则注意回避；疑惑的，多做说明；已懂的，点到为止；有成见，耐心说服；满意的，见好就收等，使得主持人可以言遂人意，语妙绝伦。

②巧释逆挽，随机应变

主持人节目是处在现实社会环境中的，在现实中难免总会出现一些意外的情况，这就需要主持人根据变化的情况迅速作出反应：一要机敏，二要得体。

③巧妙迂回，避实就虚

在交流中如果遇到难题、一时无法从正面回答，就需要采取迂回的办法，来化解这个难题。

2. 引导是主持的内涵

（1）新闻节目的引导——眼观为实

各家电视台几乎都会把新闻节目作为自己的重点节目，而新闻节目主持人则成为电视台的主要"招牌"。虽然各国的新闻制度有所不同，但是新闻节目主持人所发挥的作用和影响是相同的。大家都知道，新闻节目是提供客观准确事实的，而电视新闻除主持人的语言转述以外，还要提供给受众直观的图像。所谓耳闻是虚，眼观为实，就是说亲自听到的还不足为信，只有亲眼看到的才是真实可靠的。

电视屏幕反映出的事实未必就那么集中和明显，这就需要主持人用画外音来加以引导。主持人自身的权威性和耳闻目睹的客观事实，都是取得社会公信力的重要因素。在世界各国的电视新闻节目中，那种只顾播读稿件，不与图像配合的主持方式已经越来越少了。因为它并没有充分发挥出电视新闻"眼观为实"的独特优势。在缺乏图像资料的电视新闻中，主持人播报的客观态度也十分必要。

（2）谈话节目的引导——实话实说

电视谈话节目是以面对面人际传播的方式，通过电视媒介再现或还原日常谈话状态的一种节目形态，通常由主持人、嘉宾（有时还有现场观众）在演播现场围绕某个话题或个案展开即兴、双向、平等的交流，它本质上还是属于大众传播活动。谈话是一种形式，内容则包罗万象，如新闻、文艺、经济、政治、教育等。主持人在谈话节目中的主要职能就是让大家能够敞开心扉、畅所欲言，在各种观点的交流和碰撞中，寻求真理和共识。

谈话节目的主持人能做的事情应该是调整好心态，摆正自己的位置，弱化主持人的感觉，强化谈话者的角色，融入话题和嘉宾中去，说属于自己的话。在谈话节目中，主持人只有介入整个节目的制作过程，才有可能在现场把握住谈话节奏，因此，对主持人的敬业精神提出了更高的要求。

做好谈话节目，主持人最重要的是沟通与合作。这既是谈话节目主持人的工作所需，也反映出谈话节目主持人必须具备的人文精神和善于与人交往的社会活动能力。

（3）娱乐节目的引导——娱心悦目

"娱乐"就是"娱怀取乐"，不同民族的文化传统和文化习俗决定了不同的娱乐方式，西方的娱乐方式未必就一定会给中国人带来惬意和快乐。电视娱乐节目的主要特点是轻松、愉快，它源自享乐主义的通俗文化。娱乐节目的主要形式之一是游戏，这种节目既省钱、又灵活；既轻松，又具有刺激性。游戏节目的魅力在于机会和规则的内在矛盾。机会具有不可预知性，规则却是制约因素。从这个意义上讲，电视娱乐节目应该是能够满足观众对快乐或消遣需求的电视节目。

虽然娱乐节目是俗文化的产物，但是不能一概排斥雅文化的积极因素。主持人应该尽可能处理好雅俗文化的关系，应该恪守以俗尚为形式，以雅趣为内涵的基本原则。如果把主持行为看作一种艺术活动的话,"俗尚"可以说是其形式和过程,而"雅趣"则是内涵和归宿。形式要为内涵服务,内涵需要特定的表现形式,这就是"俗尚"和"雅趣"的辩证关系。具体地说,主持娱乐类节目既要讲求为大众服务的"俗尚",同时还要兼顾文化品位的"雅趣",有效提升节目的吸引力和影响力,坚持正确的文化导向,从而真正做到"俗不伤雅"。

电视娱乐节目理所当然地应该以"娱怀取乐"为第一要义。但是娱乐也是一种精神生活,直接表现出文化生活的品质和审美趣味的高低。那种为娱乐而娱乐,肆意妄为地侮辱人格、糟践人性,以低级趣味来取乐的做法,显然为进步社会所不齿。如此娱乐必然走向"愚乐",不是促进人的身心健康,而是导致社会的腐化堕落。电视娱乐节目既要娱悦大众,满足他们的审美情趣,也要倡导健康有益的精神文化生活,只有"寓教于乐""雅俗共赏",才能使人得到审美愉悦,得到精神的激励和心灵的净化。

第三章 播音与主持艺术的训练技巧

本章从五个方面对播音与主持艺术的训练技巧进行详细阐述,分别是播音与主持艺术的特性与机理、语音与标准、气息与状态、口腔与声母、喉部与声调。

第一节　播音与主持艺术的特性与机理

一、播音与主持艺术的物理性

声音是由物体振动产生的，我们能听到声音，是声源的振动在周围大气中传播形成声波的缘故。这是一种物理现象。人的声音是由位于喉室中央的两条声带通过气流冲击振动后形成的，它具有音高、音强、音色、音长四大物理要素。

（一）音高

音高指声音的高低，它由物体振动的频率决定。在单位时间内发音体振动次数越多、越快，频率越高，音调也越高；频率越低，音调就越低，即频率大小与声音的高低成正比。频率每增加一倍，音高给人的感觉则随之翻高一倍。物理学称振动次数为音频，用"赫兹"（Hz）表示，如图 3-1-1 所示。

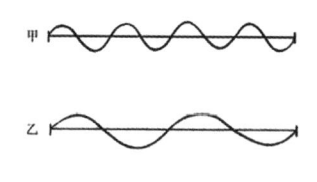

图 3-1-1　音高示意图

从图 3-1-1 可以看出，在相同时间里，由于甲的振动频率比乙多出一倍，所以甲的音高就大约比乙的音高高出一倍。那么，在作用力相等的条件下，物体发出的声音为什么还有高低区别呢？主要是作为振动体的物体有长短、粗细、厚薄及结构松紧的差异，如小提琴和大提琴的区别。当然，声音的高低还取决于基音的多少和高低。

对于人的声音来说，除气流冲击声带造成的频率高低外，还有声带本身长短厚薄的区别。声带薄、短，声音就高；反之，声音就低。所以，每个人如声区的最低音到最高音的音域范围有所不同。一般未经训练的普通人，音域范围约为一个半到两个八度音，叫自然音域，日常说话的音高幅度变化仅为自然音域底部的五六个音，中间一段为自如声区。音乐里所说的音高是绝对的音高，有 C、D、E、

F、G、A、B等调号的区别。音乐里的音高变化像上下台阶，并且相对差距大。而在一个音符里的音高是相对固定的，就像上到一个相对稳定的台阶。比如，哆（1—）、来（2—）、咪（3—）、发（4—）、嗦（5—）、啦（6—）、唏（7—）。而普通话声调的个体音高变化像上下坡，但是坡度较小。"阴平、阳平、上声、去声"，每一个声调的起音和落音都不同，又有绝对音高与相对音高的把握，每个声调的调值是绝对的，但是有的相同音节、相同声调，由于表达者语言目的不同，即重音不同，音高也会随之变化，因此，二者绝对音高会有所不同。人的说话音高也是相对的，有时低些，有时高些，根据自身条件以及情绪和环境而有所变化。还有一些认识原因，像不同共鸣区的使用引起音高的变化等。

（二）音强

音强指声音的强弱，即音量的大小，它由物体振动的幅度来决定。振幅越大，音强越强；振幅越小，音强越弱。振幅大小是由使发音体振动的外力大小决定的。比如，击鼓，用力大，振幅大，声音强；用力小，振幅小，声音弱。弹琴时指尖的力度也决定了音强的强度。物理学用分贝（dB）来表示，分贝越大，表明音越强，如图3-1-2所示。

从图3-1-2可以看出，甲音波峰到波谷的距离s比乙音波峰到波谷的距离y大一倍，表明甲音振幅比乙音振幅大一倍，音强自然就大一倍。人在发声时，由于用声条件和用声习惯不同，有的人声音强，有的人声音弱。女声和男声同样音高，男声比女声音强强。例如，京剧青衣的音高即使比京剧花脸的音高高许多，但音强远比不上花脸的。

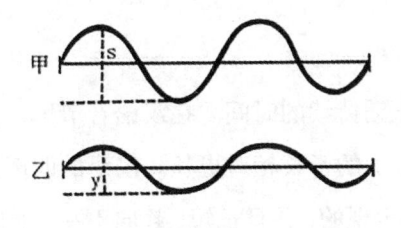

图3-1-2 音强示意图

话剧舞台演员对音量的运用比生活语言要多些。播音与主持的语言根据节目的特殊需要（随着广播电视节目类型的增多，室内、户外环境变化等，要求播音员、主持人的音量运用丰富多样，如综艺晚会、户外主持等），在音强、音量上的使用也不同。训练中首先要做到"先放后收"，其次要注意层次丰富。一般初学者容易混淆音高与音强的关系，播音主持语言的声区运用是在生活语言基础上进行音量相对大小的控制，绝不能以提高绝对音高（音调）来进行声音上的变化（在第九章的共鸣与声区里将详细介绍）。

（三）音色

音色是人在听觉上区分具有同样音高、音强的两个声音的特性。我们之所以能分辨出每个人的声音，是因为每个人的音色不同。从声学角度来说，音色是声音的独特品质，是声音的个性，是一种声音区别于另一种声音的基本特征，所以音色又叫音质。用声学术语来说，音色是由音波的颤动形式决定的。

从语音学角度来说，不同音位、不同发音方法会产生不同的音色，比如，a 的几个音位变体所产生的音色有所不同，a 与 e 产生的音色也不一样，而 a 与 p 产生的音色就更不相同了。从生理角度来说，不同的生理条件会产生不同的音色。由于声带、共鸣腔体的不同，因此有的人声音脆甜，有的人声音圆润，有的人声音浑厚，有的人声音细窄。所以，在训练时一定要根据自己的生理条件，通过科学用声使其改进得更快更好，千万不要刻意追求自认为好的美声，甚至违背客观的发声条件，强行改变自己的声音，这样只能造成挤压、不自然、造作的后果。就像风琴弹不出钢琴的音质，笛子吹不出二胡的音色一样（当然，特殊的节目内容与形式需要角色化的声音时，可通过共鸣腔体的调整使音色更符合人物角色的要求）。

（四）音长

音长取决于发音体振动持续的时间。在汉语音节里，元音的音长比辅音的音长要长，主要元音（韵腹）的音长相对更长。汉语的四声是区别于其他语言的独特之处，主要是用音长来表现的，并且长短、趋向不一。所以汉语语音优美、悦耳、形象、生动。例如，杨树的杨是阳平，它表现了这种树的挺拔；柳树的柳是上声，它反映了这种树的垂美等。

在人的言语发声中，音长通常指音节的长短。音节的长短变化是影响播音主持语速及节奏的重要因素。音长的长短不是平均分配于每个音节，而要根据内容的主次来疏密搭配。比如，在句子中最能突出语句目的的词作为重音处理时，可以用音长（或音强、音色）来表现；句子中的介词、助词、连词、语气词等轻声词，音长相对就要短些，否则每个音节的音长平均分配，语言就会呆板、乏味，更谈不上节奏和表现力了。之所以有许多人经过专业训练后虽然声音洪亮但语言乏味（甚至有人评价"说的不是人话"），是因为从表达的角度判断，这与理解、感受及句式的技巧掌握有关；从语音的角度判断，这与还没有完成播音发声的个体吐字归音的训练，整体语流的驾驭与个体音节的发音处理得不好——这与每个音节的音长等距离分配不无关系。

总之，音高、音强、音色、音长是体现语言节奏、增强语言表现力的基本要素。了解它们是学好播音发声的基本要求。

二、播音与主持艺术的生理性

掌握任何一门艺术，都必须包含对这门艺术所使用的物质材料的认识。有声语言所赖以存在的物质材料就是它特殊的生理构造，即呼吸器官、发声器官、咬字器官和共鸣器官等。

（一）呼吸器官

呼吸器官是发声的动力系统。它主要由肺、气管、胸腔和膈肌组成。吸气时，气流从口、鼻进入，通过气管、支气管，最后到达肺内。肺就像是一个伸缩的气囊（或风箱），吸气时，这个气囊扩张，即肺容积增大。呼气时，气囊收缩，即肺容积减小，气流就从肺内经过支气管、气管再从口鼻而出，呼出的气流在经过声带时促使声带振动、发声。

（二）发声器官

发声器官指喉头和声带。它是发声的基本物质条件。喉头由五块软骨和肌肉组织构成，声带就长在由喉软骨构成的活动小室内。气流冲击声带在喉室形成喉原音，再经过口、咽、胸、鼻腔体，使声音扩大、美化。

（三）咬字器官

咬字器官由口腔中的唇、齿、舌、腭组成，在发声中起着举足轻重的作用。声音由于咬字器官的变化而具有表意功能。唇、齿、舌、腭的不同动作形态，可以创造出各不相同的字音来。因此，我们把口腔这个咬字器官形象地称为语音制造场。

（四）共鸣器官

共鸣器官由喉腔、咽腔、口腔、鼻腔、胸腔等组成。不同的共鸣腔体就像不同的音箱一样，把喉部微弱的声音扩大、美化，使我们能辨别出不同的声音色彩。也正是因为对共鸣腔的不同运用，才使得艺术语言更高雅、更优美，表现力更强。

对以上各生理器官的了解，便于我们在训练中分清音与声的区别。音是指咬字器官运动所产生的具有一定社会意义的字音，声是在发声器官、共鸣器官等作用下美化字音的物理效果（声调也是喉部作用的结果）。音与声二者相互依存。在播音发声训练中要精确到"音"或者"声"，否则，训练效果会事倍功半。

三、播音与主持艺术的心理性

心理学有个名词叫具身认知，即用生理体验来激活心理感觉，这说明心理与生理等因素具有相互作用关系。人的声音是一种物理表现，又是在生理作用下的结果，而声音的各种形态又无不渗透着心理因素的影响。生活中，为什么有的人面对十几个交流对象的时候能侃侃而谈，而对着摄像机即使一个人也没有也会紧张呢？每届奥运会为什么有些平时被看好的选手却没拿到奖牌，没计划拿奖的反而夺得冠军了呢？毫无疑问，这是心理因素使然。

"人的心理是人脑的机能对客观现实的反映。"[①] 这个反映过程是生理与心理相互作用的结果。也就是说，人的心理活动是建立在生理机能基础上的。大脑主

---

① 徐恒. 播音发声学 [M]. 北京：北京广播学院出版社，1999.

要包括左右两个半球，人类的语言活动主要跟大脑左右半球的某些部位相联系。实验证明，控制语言活动的大脑左半球主管理性的抽象思维，右半球更多地参与情感信息的处理和表情的产生。在语言活动过程中，起主要作用的有三个神经中枢：发声语言运动中枢（布罗卡区）、听觉语言感觉中枢（维尼克区）和视觉语言感觉中枢。大脑左半球中有一个部位支配人的发音和说话，有一个部位支配语言记忆和理解。视觉语言感觉中枢涉及书面语的阅读和理解过程。还有书写语言运动中枢，主管书写及绘画能力。它们总称为大脑皮层语言区（并不是孤立存在的）。

人说话这种现象是大脑周围12对神经传导作用的结果，其中第五对三叉神经的作用最大，它可控制发声的一个主要内感区——前腭区，即上齿龈后面硬腭隆起的一小块区域，它在强刺激下会增加嗓音的鲜明性、活跃性和尖锐性（播音发声的声束要打在硬腭前部即与此有关）。

一个人在说话的同时，也在听（监听）自己的话，通过听不断调整、修正，使表达更符合自己想要传达的内容。而这种监听反馈由两个系统来完成，一是言语发声的内部反馈系统，另一个是言语发声的外部反馈系统。其中内部反馈系统包括物理反馈和生理反馈。物理反馈主要是通过肌肉传导声波，生理反馈主要是通过发音器官的唇、舌、腭等运动传导声波。因此，说话是一门口耳之学，没有听就没有说。外部反馈系统包括两条渠道：一条是用听觉判断交流对象的言语反应；另一条是用视觉观察交流对象的表情、体态的反应。这种外部反馈系统对提高言语的表达能力起着相当重要的作用。外部输入的反馈信号必须通过说话人的内部反馈系统才能对发声进行调节，所以，我们必须重视训练自身的内部反馈系统，以此来提高言语的表达能力。那么，影响言语发声，尤其是播音发声的因素有哪些呢？

（一）语言环境

语言环境一般分为自然语言环境、局部语言环境和自我营造的人工语言环境。自然语言环境是指以该语言为母语的生活环境。局部语言环境是指学习者部分时间生活于或学习该门语言的语言环境。人工语言环境主要指学习者在头脑中用该门语言复述、描述、记忆或营造某些场景。对文字材料的背诵是一种最为有效的营造人工语言环境的办法。作为一名传播者，较强的识稿能力、优美的发声能力、迅速的言语组织能力都要建立在一定语言积累及训练的基础上，所以，多听、多看、多说，甚至多背，有助于人工语言环境的形成和内部反馈系统的训练。

（二）交流环境

交流环境指人与人在沟通时的谈话场。谈话主体对谈话场的把握会直接影响谈话的效果。人在说话时，不同的交流对象、交流环境，对一个人的言语发声起着不可忽视的作用。一般而言，若对周围环境、交流对象熟悉，说话人往往心理放松，状态自如，言语组织、声音运用发挥正常。反之，说话人则会心理紧张，甚至语无伦次。例如，做惯了教师、站惯了讲台的人，改换其他场合不一定能侃侃而谈。播音员习惯了对着镜头和话筒说话，改做现场有嘉宾、观众的主持人就有可能"口是心非"。

（三）性格特点

性格是人对现实的态度以及与之相适应的、习惯化的行为方式所反映的个性心理特征。性格差异是影响播音发声的重要因素之一。人的性格有内向、外向之分，有的人天生具有当众性的表现欲，较少的被外界环境约束，人越多发挥得越好，而有的人却生性内向，做事拘谨，说话有音无声，更谈不上当众表现了。

（四）情绪状态

情绪是人对客观事物态度的体验，是人的需要获得满足与否的反映。当客观事物能够满足人的需要时，人就会产生积极的情绪体验，如高兴、喜悦、满意等；反之则会产生消极的情绪体验，如悲痛、愤怒、生气等。情绪是影响播音发声的一个因素，如果发声者当时情绪体验是积极的，发声效果就会相对较好；反之，声音必定暗淡。因此，保持良好的情绪状态对发声者来说非常重要。

此外，专业技能、想象力、理解力都是影响播音发声状态不可忽视的因素。因此，良好的心理状态是完成播音发声的基础。

四、播音与主持艺术的社会性

人的声音的产生与传播除了与物理表现、生理技能、心理作用等有关，与人受一定社会环境的影响所形成的发音、发声习惯也关系紧密。语音是能传达一定意义的声音，作为物质表达形式的语音，自然具有一定的社会性。

（一）音意的社会性

语音的社会性表现在音和意的关系上。音是形式，意是内容，二者没有必然的联系。什么样的音代表什么样的意，什么样的意又选择什么样的音，音传递意的功能是由社会所赋予的。某一个发音习惯的形成，与人们生活的语言环境有着密不可分的关系。例如，同样是 i 这个音，在汉语里是"爱"的意思，在英语里却是"我"的意思。不同的语音形式可以表示一个意义，如玉米、棒子、玉茭、玉蜀黍、苞谷、苞米等所指为同一种植物；一个语音形式也可表现多种不同的意义，如"tong zhi"有同志、同治等多个同音词的存在。这说明语音形式和词的意义之间没有必然的联系，是一定的社会约定俗成的结果。

（二）音系的社会性

语音的社会性还表现在不同语言（或方言）各自独特的语音系统上。一套语音系统，用多少个声音作为有区别意义的最小单位，这些声音如何进行组合，也是社会约定俗成的。在普通话（北京）音系里，n 与 l、f 与 h、zh 与 z 等音素各自分工不同，但是在有些方言里就没有辨义的功能了。

（三）发声的社会性

一个人声音位置的形成离不开他固有的发音习惯。以晋语区为例，北部地区的人由于受发音习惯的影响，因此韵母发音时舌体几乎不变化，声音位置都比较靠后，甚至鼻化；南部地区的人，韵母发音时舌体虽然有变化，但是字音不饱满，发声位置都比较靠前。其实，我们在生活中听一个人说话，当还没有听清语意时，已经大概可听辨出这个人是哪个地区的人了，这与此人所在地区的发声习惯不无关系。所以，播音发声的训练是训练人在意识上从一个语言（社会）环境向另一个语言（社会）环境改变，是一个复杂的音、声、义相互协调与改造的过程。

如果说气息是一个人生理作用的结果，那么声音就是物理特性的表现，情感是心理状态的反映。对声音的审美理解无不渗透着人们在社会化进程中一种约定俗成的规范与认识，它们相互作用、相互影响。气息虽然是生理作用的结果，但是它还要受到人的心理状态、思想感情的影响，并引起声音的相应变化。因此，声音是心理和生理作用下的表现形式，又在社会化的语音规范下得到修饰与美化。有情才能带气，有气才能托声，有声才能发音，有音才好表意。如果说，我们把情比作源泉，那么理解就是水渠，气便是动力，声便是水流，音便是水质了。

第二节　播音与主持艺术的语音与标准

一、播音与主持艺术的普通话语音

语音是经过人的发音器官发出的。肺部是呼吸的原动力，肺部呼出的气流，通过气管到达喉头，作用于声带、咽腔、口腔、鼻腔等发音器官，并通过这些器官的调节，发出不同的语音。

语音是具有表意功能的声音，这是语音区别于自然界一切声音的本质特征。用什么样的声音表示什么样的意义，这是由使用这种语言的社会全体成员约定俗成的，所以语音具有社会属性。学习普通话的过程，就是改方言系统为普通话语音系统的过程。

语言是以语音为其表现形式的，可以说语音是语言中的核心部分。普通话语音也和其他语言及自然界的一切声音一样，有它的物理属性，通过一系列的发声器官将它传出口外。同时，语音要表达一定的意义，而这意义必须是使用这种语言的全体社会成员约定俗成的。

使用普通话是我国所有进行公众交流的人和从事有声语言工作的人应该具备的基本能力，普通话也是广播电视等传媒从业人员，尤其是播音员、主持人传播信息的重要载体。对普通话的驾驭程度不仅直接关系到语意传达、个人公众形象，甚至还会影响一个地区、一个国家的整体形象。

随着时代的发展，对语言的使用有了更为具体的要求，广播电视播音员、主持人要积极推广、普及普通话，规范使用通用语言文字，为维护祖国语言和文字的纯洁发挥示范作用。不模仿有地域特点的发音和表达方式，不使用对规范语言有损害的口音、语调、粗俗语言、俚语、行话，不在普通话中夹杂不必要的外文。用词造句要遵守现代汉语的语法规则，语序合理，修辞恰当，层次清楚。避免滥用方言词语、文言词语、简称略语或生造词语。

播音员、主持人是有声语言工作者，普通话是汉语普通话节目的播音员、主持人的工作语言，坚持使用标准的普通话进行播音主持是最基本的要求。普通话的使用是集政治性、科学性、社会性、经济性及审美性于一体的必然结果。

二、播音与主持艺术的普通话语音标准

（一）音节和音素

音节和音素是根据听觉划分出来的两个语音概念。

1. 音节

音节是用听觉可以区分的语音结构的基本单位，是依据发音时肌肉的松紧程度划分出来的最小语音片段。根据书写单位又可认为一个方块汉字就是一个音节。例如，广播电影电视是6个音节，不过，有时带儿化音的音节是两个汉字为一个音节，如花儿等。汉语普通话常用的音节共有400多个。音节是句子的最小单位，但不是语音中的最小单位，如影（ying）还可分为y、i、ng 3个音素成分。

2. 音素

音素是从音色的角度划分出来的语音中的最小单位。1个音节可以由1个到4个音素组成。例如，shuang由4个音素组成，即sh、u、a、ng。

音素既然是最小的语音单位，那么就是音节中再也不能被划分的实体单位，是内容和实质；而字母则是书写符号，是表象和形式，二者不能混为一谈。音素是由字母组成的，一个音素可以是一个字母，也可以是两个字母，如前所述，a、h、s、r、x、p、e等属于单字母音素，ch、sh、er等属于双字母音素。

（二）元音和辅音

从发音性质即音色的角度可以把音素划分为元音和辅音两大类。

1. 元音

我们把气流从喉腔、咽腔、口腔顺利通过所产生的开放型的最小音段称为元音（"母音"）。普通话里有 a、o、e 等 10 个单元音。

发元音时气流不受阻碍，发音器官均衡用力，气流较弱，加之声带振动，所以元音都是浊音，声音响亮。在普通话里，元音的作用主要是充当韵母，它是字音响亮的保证。

根据声腔的开放和封闭，基本上可以把元音和辅音分辨清楚。但是，有些元音由于发音时所处的位置及承担的任务不同，气流外出时会受到一些阻碍，听起来有些轻微的摩擦声，或者发音时喉部相对紧张，这种处于元音和辅音之间的声音就被称为半元音或开元音，如 yi、wa 等，也叫零声母音。

2. 辅音

我们把气流不能从喉腔、咽腔、口腔顺利通过所产生的封闭型的最小音段称为辅音（"子音"）。辅音是发音时气流在口腔受到不同阻碍而构成的音素。辅音有口音和鼻音之分。汉语普通话中有 22 个辅音，分别是 b、p、m、f、z、c、s、d、t、n、l、zh、ch、sh、r、j、q、x、g、k、h、ng。

由于发辅音时气流通过口腔要受到阻碍，又要冲破阻碍，因此气流冲击力较强，发音器官用力不均衡，声音也不如元音响亮。普通话里辅音的主要作用是充当声母（除 ng 外，其他 21 个辅音皆可作声母；普通话中没有复辅音），它是字音准确的保证。

（三）声母和韵母

根据传统语音学的划分方法，普通话的音节结构可划分为声母、韵母和声调三个部分。

1. 声母

声母是由辅音承担的，位于音节的开头，如 bō（播）音节中的 b。有些音节开头没有辅音，称为零声母音节，如"ān（安）""ōu（欧）""é（鹅）"等音节；

辅音承担的声母具有区别意义的作用，例如，"kāi(开)"和"bāi(掰)"中的k和b。

在普通话声母中，除零声母之外，声母全部由辅音承担，但并不是所有的辅音都能充当声母。比如，汉语普通话中有22个辅音，只有21个充当声母，其中的ng不能充当声母，只能担任韵母里韵尾的角色，例如，ɡuǎnɡ中的ng；另外，辅音n既能充当声母，也能充当韵母。辅音是从音色的角度划分的，与元音相对；声母是根据它所处的位置划分的，与韵母相对。

（1）辅音声母

辅音声母分别有b、p、m、f、z、c、s、d、t、n、l、zh、ch、sh、r、j、q、x、g、k、h，共21个。根据辅音发音时气流受阻的位置和冲击气流的方法，我们把辅音声母按发音部位和发音方法分为两大类。

①发音部位

发音部位是辅音发音时气流在口腔受阻的位置，也就是某两个发音器官为发音而接触或接近形成阻气的着力点。根据阻气部位的不同，把21个辅音声母分为7个发音部位。

A. 双唇音

由上唇与下唇的内缘构成阻碍成音。普通话中有3个双唇阻声母音：b、p、m。

B. 唇齿音

由上齿与下唇的内缘构成阻碍成音。普通话中只有1个唇齿阻声母音：f。

C. 舌尖前音

由舌尖抵住或接近下齿背构成阻碍成音。普通话中有3个舌尖前阻声母音：z、c、s。

D. 舌尖中音

由舌尖抵住上齿龈构成阻碍成音。普通话中有4个舌尖中阻声母音：d、t、n、l。

E. 舌尖后音

由舌尖抵住或接近硬腭前部构成阻碍成音。普通话中有4个舌尖后阻声母音：zh、ch、sh、r。

F. 舌面音

由舌面前部抵住或接近硬腭前部构成阻碍成音。普通话中有3个舌面声母音：

j、q、x。

G. 舌根音

由舌根抵住或接近软硬腭交界处构成阻碍成音。普通话中有3个舌根声母音：g、k、h。

②发音方法

发音方法是发音时解除发音部位气流阻碍的方式。根据发音过程、发音部位的成阻方式及除阻方式，我们可从以下三个方面来认识辅音声母的发音方法：

A. 发音阶段

气流冲击受阻的发音部位都会有一个动程，这个动程按时间顺序可以分为三个阶段：

构成阻碍阶段，指发音器官的活动部分开始向固定部分靠拢，形成阻碍的过程，简称成阻。

保持阻碍阶段，指发音器官的肌肉保持一定时间的紧张，使阻碍持续的过程，简称持阻。

解除阻碍阶段，指发音器官的活动部分脱离固定部分，肌肉相对放松，解除阻碍的过程，简称除阻。

B. 阻碍方式

辅音声母的阻碍方式指的是气流冲破阻碍时所采取的方式。发音时三个阶段不同形式的组合，形成不同的发音方法，主要有以下几种：

塞音，发音时，构成阻碍的两个部位成阻与持阻阶段完全闭塞，声音短暂间歇，维持到除阻阶段，同时，积蓄在口腔里的气流骤然冲出，阻碍突然放开，发音成声。由于这种辅音声母听起来有爆发破裂的感觉，因此又被称为"爆发音"或"破裂音"。普通话里有6个塞音声母：b、p、d、t、g、k。

擦音，发音时，构成阻碍的两个部位并不完全闭塞，形成适度的缝隙，让气流从这个缝隙里挤出去，发音成声。由于气流挤过阻碍时必然发生摩擦，因此被称为擦音或摩擦音。普通话里有6个擦音声母：f、h、x、s、sh、r。

塞擦音，发音时，构成阻碍的两个部位成阻时完全闭塞，气流无法通过，进入持阻阶段后阻碍略微放松，让气流挤出去产生摩擦，发音成声，就形成了先塞后擦的音，所以被称为"塞擦音"。

鼻音，发音时，口腔中构成阻碍的部位完全闭合，在持阻阶段气流振动声带，气流到达口腔受到阻碍，只好在除阻时从鼻腔流出，发音成声，因此被称为鼻音。普通话里有两个鼻音声母：m、n。

边音，发音时，舌尖与上齿龈形成阻碍的部位完全闭合，气流振动声带后不能从此处通过，而从舌体两边流出，发音成声，这样就被称为边音。普通话里只有1个边音声母：l。

C.清浊和送气

在普通话发音中，辅音的发音方法除以上划分方式外，还可根据声带振动与否、气息的强度大小分为清音与浊音、送气与不送气两类辅音。

清浊音，辅音声母发音时，声带处于两种状态——一种是声带不振动，称为清辅音；另一种是声带振动，产生浊音，称为浊辅音。

普通话里的清辅音声母有17个：b、p、f、z、c、s、d、t、zh、ch、sh、j、q、x、g、k、h；普通话里的浊辅音声母有4个：m、n、l、r。

送气音和不送气音，发音时根据气流的强弱把塞音和塞擦音区分为送气音和不送气音。送气音与不送气音主要区分那些发音部位相同，发音方法成阻、持阻阶段（全是清音）相同，但是除阻时气流大小不同的辅音声母。

普通话声母里的送气辅音声母有6个：p、t、k、c、ch、q。

普通话声母里的不送气辅音声母有6个：b、d、g、zh、j、z。

（2）零声母

普通话语音中还有一部分音节没有辅音声母，它们以元音开头，在发音时元音却要起到声母的作用，语音学把存在这种发音现象的音节叫作零声母音节。普通话中有7个舌面元音，它们都可以充当零声母。在普通话音节中，共有35个零声母音节。根据舌位不同可把它们分为以下两类：

①开元音零声母

开元音零声母是指在零声母音节中，发音时相对舌位低、口腔开度大的元音起头的零声母音节。发音时，由于元音要起到零声母的作用，因此元音的舌位，即发音着力点，要比承担韵母任务时力度大。普通话里的开元音零声母有4个：

a、o、e、ê。

普通话零声母以 a 起头的音节有 5 个，以 o 起头的音节有 2 个，以 e 起头的音节有 4 个，ê 自成音节时只有"欸"等语气词。

②半元音零声母

半元音零声母是指发音时相对舌位高、口腔开度小的元音起头的零声母音节。发音时，由于元音在零声母音节中要起到声母的作用，因此元音的舌位，即发音着力点，要比承担韵母任务时力度大，气流通过时有轻微的摩擦声。普通话里的半元音零声母有 3 个：i、ü。

普通话零声母以 i 起头的音节有 10 个（iong 起音发 u），以 ü 起头的音节有 4 个，以 u 起头的音节有 9 个。

2. 韵母

韵母主要由元音承担，位于音节中声母后面的位置。韵母和元音不能等同，一个韵母既可以由元音承担，也可以由元音和辅音共同承担，因此韵母的范围要比元音大。

普通话韵母除了鼻韵母由元音和辅音共同承担，其他的主要由元音充当。39 个韵母，根据其组成成分的特点可分为单韵母、复韵母和鼻韵母三大类。

（1）单韵母

单韵母是指不与其他元音或辅音结合就能在音节中单独存在的韵母，也被称为单元音韵母。单韵母由元音充当，共有 10 个，分别为 a、o、e、i、u、ü、ê 等。根据每个元音的发音条件，单元音韵母可从以下几个方面区分：

①舌位高低

舌位指发音时舌体在口腔中着力点所处的位置，即发音时舌体的"着力点"。舌位高，口腔开度小；舌位低，口腔开度大。因此，我们把发音时舌位在口腔中的位置分成高、半高、半低和低四种类型。

发音时舌位接近上腭，口腔开度最小的元音叫高元音：i、u、ü、-i[ɿ]、-i[ʅ]。

发音时舌位稍低于高元音，口腔半闭的元音叫半高元音：o、e。

发音时舌位比半高元音低些，口腔半开的元音叫半低元音：ê。

发音时舌位在口腔的最低点，口腔开度最大的元音叫低元音：a。

在发音时，还有一种特殊现象，即发音时舌位在口腔中央，我们称为央元音：er。

②舌位前后

发音时舌体的着力点即舌位不仅表现在高低升降方面，还体现在发音时舌体着力点位置前后的变化上。因此，发音时舌位在口腔中的位置又可分为前、央、后三种类型。

发音时舌位在舌体前部的元音叫前元音：i、ü、ê、-i[ɿ]、-i[ʅ]。

发音时舌位在舌体中央的元音叫央元音：a、er。

发音时舌位在舌体后部的元音叫后元音：o、e、u。

③唇形圆展

发音时舌位的高低、前后一致，而唇形的圆展不同，音色也会不同。因此，根据发音时唇形的变化，可将单韵母分为圆唇和不圆唇两类。

发音时双唇呈圆形的元音叫圆唇元音：ü、u、o。

发音时双唇呈自然展开的元音叫不圆唇元音：i、e、ê、a、-i[ɿ]、-i[ʅ]、er。

（2）复韵母

复韵母是指由两个或三个元音在音节中以组合的方式存在的韵母，也称为复元音韵母。复韵母共有13个，分别为 ai、ei、ao、ou、ia、ie、ua、uo、üe、iao、iou、uai、uei。根据发音时舌位高低、口腔开合及在韵母中所处的位置，可将复韵母分为以下三类：

①前响复韵母

发音时舌位由低到高，口腔开度由大到小；没有韵头，只有韵腹和韵尾。因为发音响亮的韵腹在前，所以，被称为前响复韵母，包括 ai、ei、ao、ou。

②中响复韵母

发音时舌位由高到低再到高，口腔由小到大再到小；韵头、韵腹、韵尾俱全。因为发音响亮的韵腹居中，所以，被称为中响复韵母，包括 iao、iou、uai、uei。

③后响复韵母

发音时舌位由高到低，口腔开度由小到大；有韵头、韵腹，没有韵尾。因为发音响亮的韵腹在后，所以，被称为后响复韵母，包括 ia、ie、üe、ua、uo。

（3）鼻韵母

鼻韵母是指由元音和鼻辅音 n 或 ng 在音节中以组合的方式存在的韵母，也被称为鼻辅音韵母。根据鼻韵母发音时舌尖与舌根归音的区别，可分为以下两类：

①前鼻音韵母

发音时以舌尖归音结束发音的鼻辅音韵母称为舌尖前鼻音韵母，包括 an、ian、uan、en、uen、in、üan、ün。

②后鼻音韵母

发音时以舌根归音结束发音的鼻辅音韵母称为舌根后鼻音韵母，包括 ang、eng、ong、ing.iang、uang、ueng、iong。

（四）声调和音变

普通话的动听除元音运用丰富以外，最大的特点就在于有声调及语流中的音变。

1. 声调

声调也叫"字调"。比如，普通话中"芭、拔、把、爸"四个字发音高低升降不同，分属于不同的声调。声调贯穿整个音节，具有区别意义的作用。在音节中，声调是不可缺少的一部分。声调有调类、调值、调号之分（前面《汉语拼音方案》提到了调类、调号，后面章节会对调值有具体的阐释）。

2. 音变

我们用语言进行交际时，会形成长短不一的一段语流。在连续发音的过程中，语流内的一连串音总会受到相邻音节中相邻音素的影响，使一些音节中的声母、韵母或声调发生变化，我们称之为语流音变。语流音变包括轻声、儿化、变调、语气词"啊"的变化、词的轻重格式等。

（五）音位和音位变体

由于普通话音系（北京音系）的实际发音和汉语拼音的内容与音位归纳存在不一致的地方，因此在此阐述，以便进行实际发音时能准确掌握。

1. 音位

音位是语音中具有区别意义作用的最小语音单位。如普通话里"怕（pà）"和"爸（bà）"两个音节是靠 p 和 b 来区别的，p 和 b 就是两个音位；"难（nàn）"和"嫩（nèn）"两个音节是靠 ɑ 和 e 来区别的，ɑ 和 e 也是两个音位。在汉语中，声调有区别意义的作用，不同的调类是不同的音位，也叫调位。

根据《汉语拼音方案》所归纳的，普通话音位一共有 6 个元音音位、21 个辅音音位和 4 个调位。音位符号用 // 表示。

2. 音位变体

（1）条件变体

同一音素由于受语音环境的制约，因此出现各自不同的语音音位，叫条件变体。语音条件主要是指变体所处的语音环境，受到包括临近音的性质、发音部位、发音方法以及其他因素的影响等。

（2）自由变体

有些音素可以在同一语音环境中自由替换而又不能区别词的语音形式和意义，由这种音素构成的同一音位的变体叫自由变体。自由变体在音质上是有明显差别的。

比如，普通话里并没有 v 这个声母，但是有些人在发音时把许多零声母的 w 音发成了 v 音，尤其是 w 音后面是开口呼元音的音节，大多数普通话使用者都发成 y 音了。例如，"问（wèn）"读成了"vèn"，这就是一种自由变体的现象；又比如，舌尖中音 n 与 i 和 u 相拼后，舌尖应由原来抵上齿龈变为抵下齿龈，但是有许多人仍抵在上齿龈，使原本的声母发音的音色（音质）发生了变化，导致发音不规范。对于普通话学习来说，这些都是不规范的发音问题，应予以纠正。

（六）舌位和舌位动程

舌位和舌位动程准确与否是实际发音训练中判断元音及韵母音色、保证字音响亮的关键。

1. 舌位

舌体在口腔中隆起的最高点所处的位置称为舌位。这也是所有语音学和有关语音训练书籍里对元音的舌位描述。例如,"a"的舌位被描述为"央低不圆唇元音",也就是"a"在发音时舌体应在口腔的"央低"位置,但是,在许多书中对"a"的具体发音的描述,又为舌面中部或后部稍稍隆起。这样,关于"a"的舌位界定与对具体发音时的舌位描述就出现了矛盾。其实,在实际训练中,发"a"音时所谓的舌高点要做到真正的"央低",也就是舌体中央比前后低些,肌肉紧张度相对就会大些。这样,舌体后部在不压喉的同时相对降低,随软腭上提,声道才有可能通畅,"a"的音色才会圆润、饱满。因此,舌位是发音时由舌体的着力点在口腔中的前后高低位置来界定的。关于舌位的理解,如界定为发音时,舌体在口腔中着力点所处的位置,简称为舌位也许更为确切。

2.舌位动程

复合元音韵母在发音过程中,舌位的前后、高低和唇形的圆展发生连续移动的变化过程,叫作舌位动程。例如,前响复韵母 ai 的舌位动程,发音时舌位由"前低 a"起音向"前高 i"滑动,即舌体发音着力点由发 a 时的前低过渡到前高,形成了发 ai 韵母的舌位动程。

第三节 播音与主持艺术的气息与状态

一、播音与主持艺术的气息状态要求

气息是我们人类生命的本源,是人类机体运动的最基本动力,也是我们的精神活动、语言活动乃至情感活动的最基本动力。播音发声是指在正常呼吸规律的基础上,各机能的活动合乎科学原理,尽可能发挥更大的能量来听从播音员、主持人的意志分配、调节和控制。播音发声使生活中无意识的呼和吸变为有意识的活动,并经过训练建立良好的呼吸、发声习惯,使之被运用自如,最后达到艺术语言的传递要求。播音与主持用声的特点决定了其对气息控制和状态的特殊要求。

(一)积极状态下的持久控制

话剧、电视剧等其他艺术门类的台词,除了特殊剧情需要有较长的独白,大

多以对白的方式进行,它们在语言上有较强的互动性、交替性。播音员、主持人大多数情况下是以独立创作的身份出现的。一篇稿件、一段串词,时间十几分钟甚至几十分钟,还有的一句话多则几十个音节(字)。尤其是新闻性节目,如果没有扎实的气息基本功来支撑,播读的句子就会"头重脚轻","前明后暗",要么换气频繁,句子凌乱,语意传达不清,要么声嘶力竭,气弱声衰。这样不但会损伤声带,还会影响共鸣,达不到审美的要求,更重要的是降低了节目的传播质量。当然,持久的气息控制,必须在积极播讲愿望的支持下进行,无论主持串词或播读的稿件句子有多长,状态积极与否是气息持久与否的重要因素。

(二)积极状态下的稳劲控制

日常说话对声音没有什么特殊要求,在说话时往往是前面比后面的声音亮,越往后声音、气息越弱,大多都是有意识地说、无意识地呼吸。根据情感的变化,需大音量时就毫无保留地用气,需低声说话就一点气息都不用,处于完全自然的状态,没有积极的状态与气息控制意识,就会造成高音拙、劈,低音弱、虚的现象。

作为从事大众传播的播音员、主持人,气息要根据语言传达目的及情感的变化进行相应的调节,声音的高或低、强或弱都需要有一定的气息压力,更需要保持积极、稳定的播讲状态。音量越小,气息的控制力度越要强,对积极的播讲状态越不能懈怠,这样才能保证语言目的的准确传达,才能达到理想的传播审美效果。

(三)积极状态下的自如控制

播音主持中,稿件(节目)内容千变万化,情感起伏有高有低,声音形式自然也应丰富多样。播音员、主持人应在准确传达信息的基础上,做到语音清晰流畅、语意明确、重点突出。状态的保持、气息的自如应用起着关键的作用。有些内容为体现一个层次的整体感,需要一气呵成;有些段落意味深长,需要气息停而不断;有的稿件要显现较强的节奏感,需要快而不乱;有些节目形式又要求播音员或"遏云响谷"或"润物细无声"。节目对气息的各种要求,仅靠播音员、主持人纯自然的"信马由缰"是万万做不到的。

不同节目、不同语言样态、不同环境应有不同的气息支撑。有的节目内容表达语言单位大，语句连贯流畅，需受众接受信息的整体感强；有的节目情感变化大，需受众产生强烈的共鸣，这些都与表达者稳定、积极的状态及较强的气息控制能力是分不开的。那么，怎样达到以上要求呢？这就要求对呼吸方法进行科学的认识。

二、播音与主持艺术的气息状态控制要领

在生活中，呼和吸的时间差别不太大，基本上吸多少时间就呼多少时间，吸比呼的时间稍短一些。在播音与主持时，不论从稿件内容出发，还是从听觉审美要求来看，都应该采用快吸慢呼的方法，并在呼气过程中保持相对的吸气状态，以达到表情达意的目的。

气息控制是指在呼吸过程中，两大呼吸肌肉群的对抗过程。播音与主持即采用胸腹式联合呼吸的方法，在呼气肌肉群和吸气肌肉群的相互对抗中进行创作。吸气时，打开呼吸通道，两肋向外扩张，膈肌下降，气息自然从口鼻进入，腰间裤带感觉渐紧，腹部肌肉要有一定的紧张度；呼气时，两肋、膈肌逐渐回缩，小腹继续保持一定的紧张度，不要完全放松，直至膈肌和两肋恢复自然状态。下面分步阐述吸气、呼气及换气的控制要领。

（一）吸气要领

呼吸的运用方式主要由吸气的方式来决定。采用胸腹式联合呼吸作为播音主持的用气方法。吸气要领的掌握须从以下几个方面进行：

1. 两肩放松

对于初学者来说，两肩放松在发声用气前尤为重要。胸腹式联合呼吸的控制部位在腰腹部，上胸应该保持相对放松的状态。如果两肩上提或使劲儿，就不利于膈肌下降、气息下沉，正确的呼吸必然受到阻碍，进行视频播音主持时也会"有碍观瞻"，并且位于肩部附近的喉部也会受到挤压，从而影响发声。

2. 两肋打开

在两肩放松的情况下，从容地打开胸腔两侧下肋，使吸气肌肉群处于紧张的

工作状态，为肺部扩张提供空间，保证气量的增加。根据高气压会向低气压流动的原理，当用气者放松身心、保持呼吸通道畅通、打开两肋、体腔内气压小于体外气压时，气息自然就会从打开的口鼻进入体内完成吸气。要注意，不能为了从触觉上寻找腰腹胀开的感觉，而憋着气、鼓起腰造成假吸气。

3. 肺部进气

因为膈肌、吸气肌肉群的下降和收缩，所以使肺这个"驿站"的空间变大，"过客"气流聚集量相对增加。增加肺部进气量并不是吸得越满越好，要在已经吸好气的情况下留有余地。

如果吸气过满，气息则容易僵滞，不便使用。肺部进气像给自行车打气一样，过少，"骑起来不出路"；过满，轮胎易爆，骑起来易颠簸。因此，气息的多少要根据"容纳量"和"活动目的"来进行调节。在播音与主持时，情感的变化和呼吸时间的长短就是进气量的"度量衡"。

4. 膈肌下降

膈肌是吸气肌，它的活动应该在快吸慢呼的播音发声呼吸法要求下，做到迅速、灵活。膈肌在活动时与肺部一样看不见、摸不着，只能以触觉感受腰部的打开幅度来判断膈肌的下降程度。这里的"意识"调整是一个既形象又抽象的控制方法，在两肋横向打开的同时体会气息的下行感，即膈肌的下降感。膈肌下降，进气量才有可能增大，也才有可能保证充分的用气。

5. 腹壁"站定"

腹肌是呼气过程中的控制肌，腹壁"站定"是指随气息吸进的同时，腹部肌肉要有一定的紧张度，保持相对"警惕"的控制状态，不能有明显凸起，以防形成腹式呼吸，但是也不能回缩，以免阻碍膈肌下降影响气量，造成气息上提现象。要随时处于一个准备呼气的状态，待到用声呼气时发挥它重要的"牵制"作用，即"拽住"膈肌，使膈肌保持较慢的速度上升回收，这样才能使气息在"呼"的过程中控制相对持久。

以上五步动作在实际用气过程中是同步进行的。保持一个良好的精神状态，对用气前的身心放松是非常重要的。所谓"兴奋从容两肋开，不觉吸气气自来"，此处"兴奋"是一种积极的状态，并非不顾及稿件内容的"喜滋滋"。

（二）呼气要领

如果说吸气要注意吸的位置，那么呼气则要注意呼的时间。我们发音用声就是在呼气的过程中进行的，这个过程的控制状态决定了发音用声的最终效果。在播音发声的用气过程中掌握呼气要领，做到稳劲、持久、自如，是用气的关键所在。

1. 稳、久、活

呼气的过程实际上是气息控制的过程，当吸气完成后进行呼气时，在意念上仍要保持吸气的状态，也就是呼气肌肉群在进行收缩工作时，吸气肌肉群不能完全处于放松状态，仍要保持一定的工作状态，使吸气肌肉群与呼气肌肉群形成一种对抗（以吸调呼）。

其实，呼气的稳定状态和持续时间的长短控制，就是靠吸气肌肉群的收缩力与张力的调节来完成的。由于膈肌只承担吸气的任务，而腹肌是随意肌，收缩、张开可任意调节，以此来控制膈肌的过速回弹，因此在呼的过程中小腹被拉住的感觉尤为重要。所谓"丹田气"，并不是指气真正吸到丹田（腹部脐下二指），而是丹田部位的肌肉形成控制力，以达到控制气流速度的目的。正所谓：呼气要保持吸气的状态。

2. 气、态结合

如前所述，播音员、主持人只要进入工作环境，就要调动积极的播讲愿望。即便在训练中，也要具备基本的训练状态，无论是发声用气，还是无声练气，训练内容无论是热情赞扬、沉郁顿挫，还是温婉舒缓、客观从容，都要有饱满的"精气神儿"，有控制地调动气息，才能在此基础上，根据内容的情感基调驾驭声音形式。

3. 气、情结合

发声是在情感调动的基础上进行的，气息运用的最终目的是表情达意。在呼气的训练中不能忘记情感的调动。人常说"气乃情所至""声为情所言"。只有做到"情、气为本"，才能有"语流为貌"。

未有曲调先有情，既是对表达前状态的提示，也是对情感基调把握的要求。

气息控制的关键是情感的运动，用气发声要使感情运动起来，要有感而发。没有感情的变化，气息的控制必然是单调、僵硬的，势必影响声音色彩的变化，也就表现不出语言目的，更谈不上传情达意了。

4. 气、声结合

呼气的控制目的是发声的需要，所以，在训练呼气控制时，一定要注意结合用声来进行。刚开始学习用气，为了不顾此失彼，可先在无声的状态下集中精力练习气息。一旦掌握了正确的方法，要尽快结合发声来进行练习，使气、声同步，做到气脉为本，声音为貌。

另外，气息的控制与喉部控制、口腔控制、唇舌力度控制等不无关系，喉、口腔、唇舌不仅是发音器官，而且对气息的控制也起着"阀门"的作用。

总之，如果说唇舌是表达的载体，声音是表达的形式，情感是表达的关键，那么状态则是表达的前提，气息是表达的基础。

（三）换气要领

换气是满足生理需要所进行的规律性运动，同时，也是表达过程中区别语意的表现手段之一，是有声语言的标点符号之一，是表情的方法之一。那么，怎样在符合生理需要的前提下，让换气起到起承转合的作用呢？

1. 句首换气

乍听起来句首换气太容易了，不就是在一句话准备开始时换气吗？但是在表达中，由于句与句之间的间隙较小，初学者往往在前一句话的最后一个音节刚结束，甚至余音还没结束时，就开始换气，这种习惯从听觉上给人一种上气不接下气的感觉。

正确的方法应该在前一句末尾一个音节读完时，气息（唇舌及口腔）稍做保持，等到下一句开始时再换气。不论语速多快，都应该有这样的意识。只有这样才能真正让受众不会因为传播者换气（声）而影响收听效果。播音与主持表达中讲的"快而不乱"也与此有关，这需要学习者用心体会与把握。

2. 换气到位

采用正确的呼吸方法是为保证有足够的气量以适应语句的贯穿、语言的连贯和传情达意。初学者在开始练习时，正确的呼吸方式比较容易被掌握，但是一结合发声，尤其是一结合表达，在进行换气时就容易出现换气不到位或不正确的现象，主要表现为无意识换气和不敢大胆换气。

换气一定要吸到肺底，不能浅吸，否则会因为吸气过少（或不正确）而造成下一句气息不够，以致频繁换气，形成不良循环。即便在不割裂语意的时候拖气（抢气、偷气等），用气量虽少也应该到位，不能因为吸得少就使用错误的呼吸方法，比如提肩。

3. 随换随用

前面谈过换气要和发声表达结合起来，除非角色需要。播音主持时要把握在换气后呼气和发声同步，表达中做到以气托声。初学者要把握好在呼气时保持吸气状态的分寸，防止"过犹不及"，还要防止"为换气而换气"的现象，即换气时，口腔及呼吸通道虽没有打开，但是保持准备发声（吸气）的状态，气换好后才准备发声，这样的时间差就造成了表达中的断层，气息也不能很好地被保持。不过，为了体会呼气时保持吸气的状态，可以尝试吸好气后腰腹先不要回收，仔细体会在发声时腰腹肌肉（呼气肌肉群）的控制感。

4. 补气自如

换气通常分两种情况：一种是上面提到的因语意需要和生理需要的正常换气，这种换气时间较长，且较从容；另一种是语意的需要导致句子较长，超出了生理的驾驭能力，必须在句子中间的某一处换气，我们叫"补气"或"偷气"，即要不露换气痕迹，不能割裂语意而无声地进行，也就是音断、气断、意不断。

在准备补气时，保持住发声的气息控制状态。根据前面讲到的气压差原理，两肋迅速向外扩张，在呼吸肌肉群（腰腹）松紧的刹那间变化（偷气、抢气）后，气息自然流入完成换气。要体会胸廓在瞬间补气时的"橡皮球"感，做到"停而不断"，给人一气呵成之感。

5. 换气无声

换气无声是由播音与主持语言的特点决定的，播音与主持语言不像角色化的语言，在语言环境的需要下，角色化的语言要采用出声换气来表现人物情感。

播音与主持表达换气不应该出声，补气时喉部、口腔及上下呼吸通道，要保持打开的状态，避免声带等器官形成阻碍，出现进气有声的现象，避免话筒前的噪音干扰听觉，破坏表达效果。

三、播音与主持艺术的气息状态控制训练

改变原有不良的呼吸习惯，就是从开始自然、自由的无意识呼吸状态到采用正确方法后的有意识控制状态，再由采用正确方法后的不习惯、不自如状态到经过量的积累，达到一个无意识自如运用的控制状态的过程。即经历一个由自然到必然再到自如的、由量到质的过程。只有通过大量的呼吸训练，甚至模仿，才能达到自如运用正确呼吸状态的目的。

（一）呼吸控制训练

在训练中为了便于寻找胸腹式联合呼吸时气息的横向流动方向，避免气息纵向上提，训练前要先将腰带扎住、系紧。同时，建议先采用坐姿训练。因为吸气时气息是下行的，气息与自身的座位形成了一种作用与反作用的力，这样比较有利于初学者感受并掌握正确的呼吸方法。待坐姿的正确呼吸方法掌握后，再进行站姿训练。

为了能专心体会正确的呼吸方法，在训练最初先不要出声，随着吸气方法的逐步掌握，再结合发声，进行呼气的控制训练。并且在进行每一个训练内容前，都必须设计情境，即要结合情境训练。在训练刚开始，肌肉弹性有限，呼气的时间可能会不持久，要细心体会。先做到慢中求对，再尝试快中求稳。

1. 慢吸慢呼训练

由于要改变原有不科学的呼吸方式，因此可有意识地强调生理机能的调控。初期的训练只能先采用慢吸的方法，通过训练认识科学呼吸的具体部位与有关肌肉群的运动状态，从而达到正确进气的目的。

（1）坐姿情境训练

坐于硬面凳子的前半端，双肩放松，双眼平视前方，收颔、立腰，状态积极，身心放松，根据情境，进行吸气、呼气训练。

情境设计1：想象鲜花满地、芬芳宜人，但不能上去摘，只能借助视觉和味

觉来欣赏。此时，口、鼻同时打开，保持积极、兴奋的状态，用心深吸一口清香的空气，体会扑鼻而来的芬芳。与此同时，肩松、肋开、腰胀、腹紧、气沉，气流呈横向走势将腰部的腰带撑开，在瞬间保持后慢慢吐出，从心底里发"啊"，气息瞬间吐出，并体会腰腹肌肉随即放松的感觉。

情境设计 2：设想有位好朋友正在讲一件让人感兴趣的事，听着听着不禁露出"啊！原来是这样"的神情（结合呼吸要领，体会此时的用气位置）。

情境设计 3：设想有位好朋友正在讲一件让人非常不快的事，听着听着表现出"真是的"神情（结合呼吸要领，体会此时的用气位置）。

通过以上几个情境设计，若正确的吸气方法仍没有找到，可以采用搬重物的方法来进行体会与训练。

情境设计 4：先弯下腰（或假设，或真做）搬一个必须用大力气才可以搬动的物体，用心体会用力的部位（在腰部）；然后再采用坐姿用气，找搬重物用力时吸气的部位（结合呼吸要领，体会此时的用气位置）。

（2）站姿情境训练

双肩自然放松，双臂自然下垂，双眼平视前方，收颌、立腰、双脚站定，重心在前脚掌。男士双脚的后脚跟分开（保持一拳头距离），双脚（外踝）距离与肩同宽；女士双脚呈"v"字形，若双腿不直，可一只脚跟抵在另一只脚的脚心处，前脚掌分开，呈丁字形。状态积极，身心放松，根据情境，结合吸气、呼气要领进行训练。

情境设计 1：想象前面有一张很多天没有清理的桌子，上面有薄薄的一层灰尘，想清理，但是没有合适的工具，只能用嘴吹，而桌子上的物品又不能因清理桌面而被弄脏。此时口、鼻同时打开，双唇力度集中在唇的中央，深吸一口气，松肩、开肋、胀腰、紧腹、沉气，轻、匀、稳地慢慢吹去桌上的灰尘。注意控制气息，不能忽有忽无，想象桌上的灰尘被吹得干干净净，用心体会呼气（吹灰）时保持吸气感觉肌肉的紧张状态（结合呼吸要领，体会此时的用气位置）。

情境设计 2：假设误吃了一口自己非常不喜欢吃的食物，或喝了一碗中药，口腔打开发 a 的气声，努力想把嘴里的苦味全吐出来（结合呼吸要领，体会此时的用气位置）。

情境设计3：模仿一自然现象，发 si 或 xu 的气声。在发声时应保持相对较长的时间，虽然发声时声带没有振动，不是乐音，但是从听觉上能分辨出 si 或 xu 音的音强、音量、音长是否均匀，以判断呼气稳劲、持久的能力（结合呼吸要领，体会此时的用气位置）。

情境设计4：心情很愉快地走在美丽、安静的林荫道上，两手各提一暖水壶或重物，这样可以牵制住肩膀不得上提，体会气息向下的、横向运动的感觉。找到正确的气息后再丢开水壶或重物进行训练（结合呼吸要领，体会此时的用气位置）。

（3）提示

训练初期一定要系腰带，并采用手扶腰的姿势（左手扶腰右侧，反之亦然。这样做是为了避免双手叉腰导致双肩紧张，气息上提），感受气息的流动方向是纵向还是横向，感觉吸气时气息运动是否能把手撑开。整个吸气过程就像缓缓打开的一本书向两边展开，气量在腰腹部的感觉是：腰的两侧大于前后，后腰又大于前腹。另外，可以两个人互相扶腰体会，通过触觉感受调控气息的吸与呼过程。

对照镜子或两人相互观察，在吸气时两肩是否上提，上胸是否起伏。如果有，证明气息还没有下沉，就应尽快调整。

只要吸气时状态积极，呼吸通道打开，气流就会自然通过口腔、咽腔进入气管和肺部。因为状态积极，身体肌肉相对紧张，体内气压低，体外气压高，所以气流就会自然而然地由外向内流动。

要注意防止假吸气现象，即腰腹鼓起来了，但是气息并没有吸进去。

体会采用坐姿用气时与座位形成的作用力和反作用力，感受与站姿用气的区别。如果找不到呼气肌肉群的控制力度，可先吸好气后不要呼气，以此体会腰腹的控制感。稍后腰、腹部肌肉随着声音的发出有控制地、均匀地回缩。切记，腹部肌肉要保持一定的紧张度，即呼气保持吸气的状态———吸气肌肉群向外作用，使气息均匀地呼出。

播音发声课是播音主持艺术专业的第一门专业基础课，从一开始就要养成良好的正确姿势。从整体看，上身与下肢要舒展、端庄大方。此阶段要配合形体与体态语课的训练，无论坐还是站，双脚都要立稳，重心在前脚掌，上身要有"直立延伸"、头顶蓝天的感觉。

初学者一般比较容易掌握吸气的动作,但是当准备呼气时,受旧习惯影响,易瞬间气息上提,所以,一定要注意吸好气后、腰腹做好控制后,呼气肌肉群再慢慢回缩,加强控制的意识,注意站姿训练时在没有座位的反作用力对抗下,气息要有下沉意识。重复以上训练,呼气时间最好能持续30秒。

2. 快吸慢呼训练

人在不说话时,呼和吸时间是差不多相等的,但是一旦开口说话,呼的时间就比吸的时间长了,加之播音发声艺术语言的训练,为了语意的连贯、完整,换气的时间大为缩短,应迅速完成才行。所以,快吸慢呼是气息控制的终极目标,也是适应表达的基本要求。通过训练,学习者要做到声高不劈、气不竭,声低不压、气不懈。

(1)"无声"情境训练

情境设计1:设想有一位好久没见的亲人或好友突然出现在自己面前,让人十分惊讶(结合呼吸要领,体会此时的吸气位置与速度)。

情境设计2:突然接到一封盼望已久的信,兴奋与激动溢于言表,快速打开信件,边看气息边慢慢呼出(体会一刹那进气的感觉)。

情境设计3:在听别人讲一件事时,急于插话,但欲言又止(体会此时气息的快吸感觉)。

(2)"有声"情境训练

在没有进行语音和口腔控制学习的情况下,此时的"有声"训练较为简单,为的是避免因为不正确的口腔控制而损坏声带。

情境设计1:想象面前摆了许多自己喜欢的食物,此时垂涎欲滴,打开口腔(在没有学习口腔控制前先根据自己的理解把握),选择自己平时说话的最佳声区发出"啊"的感叹(结合呼吸要领,体会此时的用气位置)。

情境设计2:平视前方某一人,设想他就是自己的交流对象,是自己很要好的朋友、同学或家人,打开口腔,选择自己平时说话的最佳声区发a音。要把发a音的过程设想成是和他交流的语言,既积极主动,又平和委婉。吸气时,气息将扎在腰部的腰带(横向)撑开,呼气时饱满均匀,结实有力;声音外送洪亮、音色甜美。如果声音发颤、发抖，就说明气息支撑力不够，应做反复训练。

情境设计3：选用耳熟能详且比较简单的歌曲或音阶，用"啊"演唱旋律，体会正确的吸和呼，并逐步把握气息控制。例如，《我和你》。

（3）提示

牢记换气要领，无论"有声"训练，还是"无声"训练，都要注意呼吸通道打开，换气无声。

在没有学习口腔控制之前，发"啊"音时，口腔、舌位很难控制到位，可在情感带动下，先做到让后声腔打开。

体会由于情绪的惊讶、惊愕、兴奋、紧张等变化，瞬间使两肋打开、腹部控制、气息凝固的感觉，这种感觉会对后面吐字归音中要具备的积极的腰腹部控制状态有很大帮助。

设想通过发"a"音把平视前方的某一点打穿，以此调动气息的控制力，练习声音的穿透力。

在户外练习时不要迎风进行，最好对着墙或某一物体进行练习。

在没有学习吐字归音和喉部控制的前提下，用发"啊"音演唱旋律，用旋律寻找气息，关注点在腰腹部和旋律上，喉部不要用力，并按照规定好的换气口换气。

（二）呼吸肌控制训练

呼吸肌弹性的好坏直接影响气息控制能力的强弱，所以，必要的针对性训练可帮助学习者提高呼吸肌肉群的弹性，并较快地掌握气息。

1. 静态训练

发hei、ha音，设想自己在野外急需做饭用的木柴，必须用一个大斧子才能把木头劈开，于是专心致志，腰腹用力（打开），随着斧子的起落，发出hei、ha音。

反复训练，感受膈肌与腹肌的弹发力。开始进行弹发力训练时，声音与肌肉配合还较协调，但是持续时间一长，有的人可能就会出现声音与胸腹膈肌配合不协调的现象，即意识超前于声音，腹肌运动无力，这证明腹肌的弹性还不具备，应多加练习。

2.动态训练

可采用仰卧起坐、俯卧撑、跑步、游泳等户外运动来增强腹肌的弹性。训练初期可能会觉得腰腹痛，甚至还感觉肌肉有些疼，这是因为相对练习量大，绝对练习量少。随着练习量的逐步增加，采用科学的训练方法，这种感觉便会逐渐消失。

对于初学者来说，气息训练中容易出现以下几种问题：第一，呼气时为了保持吸气状态，不敢用气，由于没有气息的调节，声音僵、硬、憋；第二，当发声用气时，吸气肌肉群控制不住，气息很快被呼尽，造成声音头重脚轻；第三，本已采用正确的方法进气，但在准备呼气的一瞬间不仅横向收缩，锁骨及胸也同时上提，变成了胸式呼吸；第四，往往第一口气能采用正确的呼吸方式，但是到换气时，因关注内容而忘记了正确换气方式，或是由于呼吸肌肉群弹性不好，加上紧张，怕换气时间长影响语句连贯，就急吸、浅吸，结果适得其反，致使呼吸"反弹"回归胸式呼吸。

第四节 播音与主持艺术的口腔与声母

一、吐字发声的要求

客观地讲，每个人的生理条件不一样，形成的声音、语音特点也各异，但是，独特的发音方式和嗓音条件是以标准的普通话为基础、以符合大众的审美习惯为目标、以艺术化的听觉需要为追求的。因此，播音与主持的吐字归音必须做到准确、清晰、集中、饱满、圆润、流畅。

（一）准确

准确是对吐字的基本要求，也是最低要求。准确主要指字音的准确规范，即音节的发音部位、发音方法及声调等是否标准，强调的是一般在生活中不易被察觉的细微区别。比如，在发 z、c、s 时，按要求舌尖应抵住下齿背（也可在上齿背），但是由于口腔整体的控制不好（上下齿没有错位），结果发音出现"嘶嘶"声，声音经过话筒后问题被放大，有可能会影响受众的接收效果。所以，这里所说的准确指比一般生活语言要求得更为严格和精细。

（二）清晰

清晰是传播特点对吐字提出的又一要求，主要指的是发音过程中唇舌的力度、声音位置变化等。例如，声母"h"，它的发音方法为清擦音，发音部位是舌根，发音过程是舌根接近软硬腭交界处，气流冲击舌根与软硬腭交界处后摩擦成声。而没有经过训练的有些人发这个音时，舌根与软硬腭交界处的空隙太大，气流通过成阻部位时没有摩擦，从而造成声母发音不清晰的问题。又比如，"包（bāo）"的声母是双唇音，如果力度没有控制在唇中部的三分之一处发声，声音通过口腔时随韵母ao的发音，会造成声包字现象。所以，发音部位的着力点一定要做到"点状"。

（三）集中

集中主要指的是声音的集中。声音虽然看不见，摸不着，但是它有一定的方向性。播音主持艺术发声是一个与话筒保持近距离接触的声音活动过程。除了发音器官力量的相对集中，在发音过程中，发音者对自己的声音要有很强的收束感、目标感、距离感。通过意识、听觉判断调整发声器官，使自己的声音有磁性、有穿透力。加之话筒接收的方向、辐射有限，也会影响听众的收听效果。

通过吐字归音，以发音带发声，力求达到集中的效果。可以将咬字时口腔的控制形容为"一根针，两条线"。"一根针"指的是咬字时，本人感觉上唇中间的着力点似"一根针"，这样可以增强学生咬字的集中意识和集中力。"两条线"指的是口腔控制的集中感："一条线"是指上口盖软硬腭似向中间集中，形成口腔内的"天"；"一条线"是指舌头向舌中间集中的收缩感，似口腔内的"地"。咬字时，上下两条线都向中间集中，其咬合力就强、集中，就容易形成较强的口腔控制力和集中感。因而，咬字也就更加清晰、有力。

（四）饱满

这里对饱满的理解含有吐字归音过程对空间的要求与把握。饱满既指口腔的开度，又指舌位动程的幅度。例如，"太（tài）"，舌由舌尖抵住上齿龈后迅速转移到抵住下齿龈，舌体由口腔最低到最高（舌位，即发音着力点由央低到前高）瞬间完成，口腔随舌位变化由半开到全开再到闭合，动作过程幅度要大，才可能使字音饱满。而此时口腔还要保持相对的静态控制，确保吐字归音时腔体的容积能达到饱满的效果。饱满也为吐字归音的进一步圆润与流畅奠定了基础。

（五）圆润

对吐字最简要的概括就是字正腔圆。如果说准确、清晰要求的是"字正"，那么集中、饱满、圆润指向的则是"腔圆"了。"吐字如珠"即对吐字要求圆润的形象比喻。饱满不等于圆润，要想使音节发音过程既完整又不失圆润饱满，就要把握韵母发音的舌体动程、调整口腔腔体、运用好共鸣等，这些都非常关键。例如，"跳（tiào）"，当声母舌尖中音"t"位置准确、力度适中，迅速与"i"相拼后过渡至"a"再归到"o"时，舌位的动程虽要趋向鲜明，但是更强调过渡流畅、柔和，这是圆润的保障。

与此同时，音节内音素的时长要分配合理，例如，"o"归音时间过长，虽然不削弱这个字音的饱满度，但会影响其圆润度。再如，"ting"音节，不能因为"i"是高元音就使整个舌体紧靠上腭，从而造成声音的捏挤。又如，句子里既有关键词，又有语气词、助词、连词等非关键词，每一个音节都需要圆润。如果说关键词里的每一个音节都是大颗珍珠，那么非关键词里的每个音节就是小颗珍珠。所以，在发音过程中，腔体应保持相对的静态控制，以确保共鸣的美化，达到吐字圆润及悦耳的要求。

（六）流畅

流畅是吐字的最高要求。前面提到过汉语普通话的音节特点，语言的最小单位是音节，而音节又是由不同的音素组成的。我们在练习过程中，之所以把每一个音节拆分成个体，再慢慢拼接组合，是为了发现问题、修正问题，而不是让有声语言以字的形式，甚至音素的形式"单摆浮搁"。这就要求我们在训练时把握好个体与整体的关系，发音时既不生硬又不囫囵吞枣，同时还能保证吐字如珠如流。

一个句子中的主要词语该强则强、强而不拙、强而不僵，句子中的次要词语该弱则弱、弱而不挤、弱而不飘，要做到这一点应对轻声词、词的轻重格式等语流的音变驾轻就熟，并且对音节与音节之间的过渡即超音质部分，仔细体味与把握，以满足人们以句子为单位获取信息的听觉习惯，使语流中的吐字归音犹如大珠小珠落玉盘一般。

准确、清晰、集中、饱满、圆润、流畅，对各要点的掌握既相互独立，又各有侧重，既相互联系、相互影响、相互制约又相互促进与完善。为此，我们要采取一些行之有效的训练技巧，把有意识的控制变为无意识的运用。

二、发音器官的认识

从发声学角度来认识，呼气的目的是发声，在气息通过喉部时的声带闭合，只是形成了喉元音，语音是经过口腔时才形成的，即声音在口腔内受到各种节制而形成不同的字音，这个节制的过程就叫作咬字过程。比如，唇是发声的主要出口，是吐字的主要器官；又比如舌，它是最积极、最灵活、影响最大的咬字器官。口腔内对声音起节制作用的各个部位，叫作咬字器官，包括唇、齿、舌、牙、腭等。通过口腔内咬字器官的各种活动，完成吐字过程。如果把口腔比作一间房子，颧肌就是房子的"门脸"，唇是可关闭的门，舌是活动的人，齿为挡风的门槛，腭为可提高空间的房顶，上磨牙似挺立的横梁，小舌（悬雍垂）像升降的后窗帘。那么，怎样使房间宽敞明亮、冬暖夏凉；怎样让人精神饱满、活动自如；怎样使门脸阳光漂亮（怎样使口腔腔体符合发音发声的要求）；怎样科学地丰富口腔共鸣，需要我们逐一认识、理解与掌握。

（一）主动发音器官

在发音过程中唇、舌、腭（软腭）、颧肌是活动积极的器官。

1. 唇

唇分为上唇和下唇。在汉语音节的发音中，有许多音是以唇的活动为主体的，例如，声母 b、p、m、f 的发音部位以唇为成阻部位；韵母 u、iu、ao、qu 等音的归音以唇（合口）来归音；又如语音学所讲的"四呼"是以音节的起音（声母、

133

介音），即字头发音时唇形的圆展变化来界定的；即使唇对于 a、o、e 等开口呼音发音时的作用相对较小，也应依据中国传统的审美习惯做到开音闭发，以使声音集中、圆润。这些都是以唇的控制来实现的，所以唇是吐字的重要器官。唇还是一个控制气息的大门，就像无论房子有多大，唇这个"门"都不能像车库的门那样打开后被一览无余，否则就叫说话"不把门"。

2. 舌

舌是发音过程中起关键作用的一个咬字器官，舌分舌尖、舌叶、舌面、舌面后（舌根）。舌体在口腔内上、下、前、后的不同变化及着力点的位置决定一个字音的形成，改变着口腔的共鸣状态，并影响字音的准确、清晰和集中。舌的力度相对越强，舌体肌肉的紧张度相对越大，声音就会越清晰；舌体运动的着力点越鲜明，元音的音色也就越圆润。例如，i 音在发音过程中如果舌根位置高，就会堵住口腔通道，势必阻碍声音从口腔流出（只能"上楼"走鼻腔）；a 音太低又会导致喉部肌肉过度紧张；如果舌体松软，就会吸收声音，削减共鸣。总之，舌是最积极、最灵活、影响最大的咬字器官，锻炼灵活的舌体是口腔控制最重要的任务。就像房子再结实，舌这个"人"要有生活的热情，要有积极的状态，或站，或坐，或走，不能像个无精打采的慵懒病人。

3. 腭（软腭）

腭也称上口盖，分前后两个部分，前三分之二为硬腭，后三分之一为软腭。腭就像一个"隔板"，把鼻腔、口腔上下分开，活动的软腭就像一个可随意调节的阀门，使声音按旨意向口腔或鼻腔流动；腭又像一个可控的穹窿体，它的穹隆状态决定声音进入口腔或鼻腔的共鸣状况。小舌（悬雍垂），这个附着在软腭上的"后窗帘"要起降自如。发鼻辅音时，小舌要被动关闭（因为舌或唇主动运动），其他音（特别是元音）要打开。

4. 颧肌

在生活语言中，颧肌不属于发音器官，它是人在情绪表达时重要的一个面部表情符号。而在播音主持艺术表达中，颧肌是口腔静态控制中的首个要领。口腔这所房子的"门脸"能始终保持向上稳定提起的状态，是传递信息者面部表情控制的关键，也是决定在播音主持艺术发声中保持唇齿相依的关键。人们在面对面传递信息时，除了眼睛、眉毛、唇角等微观表情，最突出的表现就是面部肌肉的变化，具体地说就是颧肌的起伏。颧肌还能影响吐字归音的声音效果，例如，双唇在发"撮口呼"和"合口呼"音时，面部肌肉即颧肌与唇（口轮咂肌）保持对抗状态与否，造成的声音效果完全不同。

（二）被动发音器官

相对来讲，在发音过程中，齿（门齿）、牙（磨牙）、硬腭、下颌是被动器官。

1. 齿（门齿）

齿包括上下门齿（医学上所指的是中切牙和侧切牙），它是舌尖前音成阻的部位。人在不说话、口腔保持静态时（或开或合），从外形上看是上齿在下齿的前面（除非生理缺陷），也就是说上下门齿是错位的，但往往由于其他器官（例如舌）在发音时不能积极主动地运动，使得下颌踊跃"帮倒忙"，导致上下门齿对齐，甚至下齿"跑"到上齿的前面，造成发音嗲、媚、噪，尤其在发舌尖前音 z、c、s，舌面音 j、q、x，舌尖后音 zh、ch、sh 的时候更为突出。应该指出，尽管传统语音学把韵头为 i 的音节称作齐齿呼，但是在实际发音中，"齐齿"也是相对而言的。

从以上分析得出，门齿这个"门槛"虽然是一个被动吐字器官，是由唇舌和口腔上下的活动决定其作用和效果的，但是它既挡风阻气，又是口腔保持正确状态的"鉴定器"。

2. 牙（磨开）

牙主要指位于口腔后部两侧的牙齿（医学上所指的磨牙，俗称槽牙）。它的开合直接影响口腔的开度与容积。牙关打开，声束由咽腔向前进入口腔通道，能使口咽部的共鸣充分发挥，声音通畅响亮。如果牙关紧咬，语音制造场就没有场所可言，舌体的活动就无从谈起，声音自然会挤、扁、压、闷。例如，在含有 i、u、e 等元音的音节中，如果口腔通道不畅，声音被迫顺鼻腔而走，造成字音鼻化，从而影响字音的清晰与美化。

另外，牙同样起到束舌的作用。例如，发高元音 i 时，舌在口腔里活动发音要始终收束在上下磨牙内侧。因此，上磨牙这个"横梁"也是一个控制器官，它的主动灵活其实是由上磨牙关（其至上口盖）整体向上带动的。它要积极上提，起到支撑"房子"的作用。

3. 硬腭

如前所述，腭分为硬腭和软腭。硬腭前部的"硬棱儿"处，从医学角度叫"腭皱襞"，从语音学角度叫齿龈桥。硬腭前部是声音的内感区，声束只有打在这个地方，才会集中明亮，否则就会发散。

另外，腭还与舌共同构成阻碍，从而产生不同的字音，如翘舌音 zh、ch、sh、r（舌尖与硬腭前部即"齿龈桥"构成阻碍），舌根音 g、k、h（舌根与软硬腭交界处构成阻碍），舌面音 j、q、x（舌面前部与硬腭前部构成阻碍），都离不开腭的作用。"房子"是否结实、宽敞，口腔是否打开、挺立，腭这个穹隆状的"房顶"起着很关键的作用。

4. 下颌

下颌俗称下巴。如果说以上发音器官，无论主动还是被动，在发音中都会对字音产生积极的作用，那么，只有下颌是最不需要参与运动的一个器官。因为其位置的特殊性，在舌体变化中由于下颌的连带不得不动，因此才有了口腔静态控制中的"松下巴"要领。下颌也像口腔这所房子的地基，所以，不能随意晃动。当然，下颌也可以对唇舌发音是否具备力度起监督作用。

三、口腔的静态控制

口腔既然是语音的制造场，那么，吐字的过程就是各个咬字器官相互配合协作的过程。各咬字器官之间的配合，直接影响到发音的质量。为了达到播音与主持艺术专业对吐字的要求，使字音听起来准确、清晰、集中、饱满、圆润、流畅，首要的是打开口腔，也就是让口腔"立"起来，创造一个良好的口腔环境，使其满足吐字的要求。

如果把口腔比作房子，舌体就像生活在房子里的人。人要想在房子里活动自如，房子就得有空间，并且规范，不能摇晃，更不能倒塌。那么，支撑口腔这所房子的腔壁是否结实、挺立，直接影响舌、唇活动后，形成字音的准确、清晰、集中、圆润程度。通常，把这种在发音过程中对口腔状态进行适度的调整，使其保持相对稳定状态的活动，称为口腔的静态控制。这种调整后的口腔状态贯穿在整个发音吐字的过程当中，构成发音动作的基础。

（一）打开口腔

为了提高发音质量，艺术语言的发音吐字比日常生活语言的口腔开度要大些。口腔开度大并不是张大嘴巴，因为张大嘴巴地打开口腔实际上是上下颌自然打开，表现结果是前开后闭的喇叭口，这种口型并不符合发声的要求。正确的打开口腔方法是下巴微收，上口盖平行上提，像穹隆形状倒扣在口腔上部，口腔前收后开像马蹄型。就像搭建一顶帐篷，内空间要大，门（唇）要小，否则就是"店面"或者"车库"，声音通过口腔就不会集中，也就没有明亮的可能。没有经过训练的人，在发音时是很少能达到这种口腔状态的，所以，我们必须通过有意识地提颧肌、打牙关、挺软腭、松下巴训练来实现。如图 3-4-1 所示。

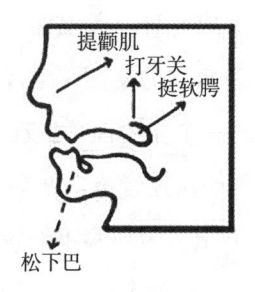

图 3-4-1　口腔静态控制

口腔的静态控制并不是绝对的、一成不变的，在发音过程中会根据各音素的变化进行相应的调整。这种相对的静态控制对建立良好的口腔发声环境具有积极的作用。其实，口腔的静态控制即是一个口腔前后平行提起上口盖的动作的保持。有的人认为，练习时只要头部上仰、张大嘴巴就可以达到训练的目的，这是错误的认识，应予以纠正。

1. 提颧肌

提颧肌是提起上口盖的前部动作。颧肌微提，鼻翼微张，上唇微展，上齿微露，唇齿相依。在发音过程中，颧肌要始终保持微提的状态，即使发合口呼、撮口呼的字音时双唇的肌肉也要往唇的中央收束，颧肌仍要向上提，使面部肌肉形成一种呈反方向运动的状态。鼻翼微张，上唇微展，上唇呈"一"字形，是发音中齐齿呼、开口呼的上唇控制状态，但是，切不可为追求上唇呈"一"字形而咧唇，这样肌肉横向运动（合口呼、撮口呼音的上唇肌肉走向是横向运动），效果会适得其反。正确的提颧肌动作，肌肉走向应是向上提起。唇齿相依利于唇在发音的动作过程中找到依托，便于发挥唇的力量；利于声音的准确、清晰、响亮。唇齿相依与提颧肌是一种相辅相成的控制关系，如果颧肌不提，发音时唇齿就会"分家"，尤其在发合口呼、撮口呼的字音时双唇噘起，发音状态就像一只嗷嗷待哺的小鸟，造成口腔前面又多加了一个"嘴子"，致使声音闷暗，并且影响视觉效果。因此，当保持合口呼、撮口呼发音时，颧肌上提是关键。

有的初学者开始学习提颧肌时，即使心理状态很积极，颧肌仍提不上，建议先用微笑来体会，因为人在微笑时颧肌是上提的（严格地说，人的面部肌肉很丰富，颧肌与笑肌分属两块肌肉）。切记，颧肌上提只是保证发音的一种状态，并不是不顾播音主持内容的需要形成一种"美滋滋"的毛病，更不是皮笑肉不笑。它是在心理状态的调动下和心理意志的支配下运动口腔上部（上口盖），即面部肌肉与骨骼积极主动向上运动的一个技巧性（生理性）动作，就像舞蹈演员的身体肌肉一样，要紧凑、挺拔。例如，播音员即使播报讣告，也要用积极的播报状态传递令人感到沉痛的消息，不能因为内容不愉悦就颧肌下垂，导致状态懈怠，甚至表情呆滞，音色发暗。因此，初学者一定要正确理解和把握在积极状态下肌肉的技巧性控制与在情感受内容支配下心理活动的外在表现二者的区别，即面部肌肉的相对控制给人带来积极的表达状态与表达内容的基调不能混为一谈。

2. 打牙关

打牙关是提起上口盖的中部动作。在面部肌肉即颧肌提起的同时，上口盖一起带动上磨牙上提，使口腔内部空间加大，为吐字归音时的舌体运动提供良好的活动空间，这对丰富口腔共鸣也起着重要的作用。当然，生活中也很少有人咬着牙关说话，但是，由于播音主持艺术语言对口腔开度的特殊要求，因此要进行有意识的控制训练。前面讲过生活中的张大嘴是上下磨牙一起运动的，如果下磨牙活动太积极，容易造成压喉的现象，对发音起阻碍作用。这里所说的打牙关，是受意识支配下的、以活动上磨牙为主的向上运动。此时，下磨牙较之上磨牙的运动来说相对被动并且放松，就像帐篷后窗户两边的柱子要向上支撑一样，而且每个帐篷可根据人的高矮不同有大小之别。口腔也如此，相对的静态开度也会根据元音的舌位在口腔中的高低变化，调整牙关的开度。

3. 挺软腭

挺软腭是提起上口盖的后部动作。在提颧肌、打牙关的同时，软腭向上挺起，堵住鼻腔通道，减少鼻音色彩，使口腔容积加大，声音经过口腔的共鸣更加丰富。在双唇的控制下，整个口腔就像一个前收后开的马蹄状。用小镜子和手电筒观察，会发现在口腔后部有一个垂体的小舌，学名"悬雍垂"。悬雍垂附着在软腭后部，软腭挺起，小舌就会随之上挺，与舌体后部产生距离，发声通道就会畅通无阻。虽然生活中大部分人都是在打开的状态下说话的，但是要具备听觉享受的艺术发声，还需要通过理智控制，使咽喉与口腔之间的闸门打开，增加口腔后部的开度，提高声音的质量。所以，小舌与舌体后部的空间距离是判断软腭是否挺立的标准。如果在舌体平行放于下磨牙的情况下打开牙关（发 a 音的开度）还不能看见小舌，或小舌不能与舌体后部保持一定的空间距离，就说明软腭没有挺起或挺立得不够。如果将软腭比作闸门，软腭上提，闸门打开，声音像水流，才会畅通无阻。即帐篷后窗户的活动窗帘要打开，阳光才能射入。

从声学角度分析，声腔体的腔壁越坚硬，肌肉紧张度越高，声音就越明亮。反之，腔体肌肉松软，紧张度低，声音就越发暗淡，所以，开口腔是保证字音响亮的关键环节。但是，一切事物都是相对的，挺软腭并不是要软腭绝对挺起，否则会使后声腔肌肉发硬、发僵，反而不利于发声。在发后鼻音时，舌根应该积极上提与软硬腭交界处接触，软腭不要主动下放与被动的舌体接触（在第四章讲到鼻辅音的发音要领时也会涉及），否则就违背了口腔的静态控制理念。

4. 松下巴

在打开口腔的四个要领中，唯独下巴是要以放松的状态来完成创造口腔发声环境任务的。发音时下巴内收，可以用牙痛的感觉来体会。从生理角度分析，下巴是一个较积极活跃的器官，生活中说话、表情，下巴的反应都较敏捷，而科学的发音过程是以舌体运动为主的。由于舌体与下巴联系密切，发音中舌体的运动不得不连动下巴。所以，下巴的动作应是被动的。没有经过专业训练的人在表情丰富、说话时往往容易下巴用力，尤其是唇舌无力的人，下巴会格外用力，主动使劲儿"帮倒忙"代替舌体发音，结果导致下巴像铲子一样"铲字"，既影响字音清晰、圆润，也有损视觉形象。与人在帐篷里活动，帐篷不能松动，地基更不能塌陷的道理一样。

其实，只要提颧肌、打牙关、挺软腭三个要领做到了，舌体力度加强，并且在发音中积极主动，下巴自然而然也就放松了。总之，在进行口腔的静态控制时，由于前三个要领在口腔中从前至后呈横向分布，因此在掌握时应有较强的空间感和方位感，上口盖"平行"上提，不能为了打开口腔、提上口盖使头部上抬、下巴上翘，或者上口盖不提，下巴用力、前倾，这样是永远也找不到打开口腔的正确状态的。学习初始，结合开口度最大的"a"音，理解发音要领后，再用镜子和手电筒观察、调整舌位，同时，用开口如打哈欠（哈欠刚开始或快结束时的口腔状态较为接近口腔的后开前闭）、闭口如啃苹果的方法细心体会（面部肌肉要注意上提）。

（二）收束唇舌

在前面的咬字器官里，我们已经认识了唇舌在发音吐字过程中的重要作用。收束唇舌主要指加大唇舌肌肉的紧张度，集中唇舌的力量。

唇的力量要集中在双唇内缘的中央三分之一处，特别是发合口呼、撮口呼音和需要双唇归音时，在颧肌上提、保持静态控制与唇的吐字归音形成一种对抗的情况下，唇部中央的力度更要加强。即使是开口呼和齐齿呼，在颧肌上提、唇齿相依、上唇保持"一"字形的状态下，也要使唇的相对力度保持在唇的中央三分之一处。

舌的力量要集中在舌的中纵部（舌正中沟）。为了使字音清晰、集中，在发音过程中，除舌尖中音 d、t、n、l 和舌尖后音 zh、ch、sh、r 及鼻韵母 n 以外，舌尖应始终抵在下齿龈这个"栖息地"。在舌尖有依靠的基础上，舌体保持一种"收势"进行舌位动程的变化，防止舌体后部活动引起舌尖后缩，导致舌体蜷缩，不利于舌体力度的控制及发音着力点的寻找。实际生活中的发音和语音学所讲的有些发音位置并不都是如此。但是，作为训练艺术语言的发音就像舞蹈演员的腿脚一样，无论上身肢体如何动作，身体肌肉都要收束，腰、脊椎都要挺立，重心都应保持在前脚掌。因此在发音时，声母发音部位要呈点状成阻，要防止片状接触，舌位动程既明确又滑动自如。可用小镜子对照口腔观察，舌体在口腔内吐字归音应是若隐若现的，不能被"一览无余"，否则舌体松软，发音时不能尽职尽责，下巴就会"越俎代庖"。

（三）固定声位

声位，即声音通过口腔时所处的位置，是经过生理控制所产生的一种物理效果，是对有声语言进行艺术加工的特有概念。由于艺术语言的特殊要求，尤其是播音主持专业的用声状态、工作方式等有别于其他有声语言艺术，有相对的稳定性，因此声位从听觉美感的角度规定要打在"硬腭前部"，而硬腭前部属于生理上的一个敏感区，此处腔壁较硬，容易引起"楼上"鼻腔共鸣的振动，从而丰富声音色彩。加之离双唇这个大门较近，便于声音透出口外，所以声束只有打在此处才会集中、响亮。

初学者往往容易随着舌位（着力点）的前后变化移动声音的前后位置。例如前高不圆唇元音 i 与后高圆唇元音 u。专业教材在涉及声位的时候，要让学生用正确的"yo"音来调整由于舌位靠后导致声位也靠后的不良习惯，原因就是"yo"的舌位靠前，声位也很容易打在硬腭前部，并且根据舌位确定"yo"的声位恰好就在硬腭前部。因此，喉部发出的声音经过咽腔沿上腭（软腭、硬腭）中纵线前行，向硬腭前部（用舌尖舔有硬棱儿处）流动冲击，从而使声音挂于这个被称为腭前区的地方，通过此处透出口外，这就是声音的正确路线。其实，影响声音位置的因素还有声调及发音着力点靠后音位的因素。

总之，绘画离不开素描，舞蹈离不开踢腿、下腰，积极的表达亦需要技巧性的肌肉理性控制去完成。要做到声束集中、声位明确，首先必须在立腔的前提下，加强唇舌力度，才能保证其在发音时变化灵活，音节中各音素之间的过渡才能做到自如、流畅，字符饱满。其次要注意调整牙关开度、唇舌的发音着力点及唇形；宽音窄发，窄音宽发；开音闭发，闭音开发；圆唇扁发，扁唇圆发。这是一个既形象又抽象的理解，声音看不见、摸不着，要靠一定的视、听觉判断和口腔及唇舌的控制与调整才能做到。口腔的总体要求是后面开度，前面力度。

四、声母发音发声

房子建好后需要有人住,人要住着舒适,就需要房子布局合理、房内设施有机协调。口腔的静态控制亦是为美化字音提供良好环境。在静态控制学习中,将发音过程相对简单的声母结合起来一起掌握,更符合"训练"与"目的"之间关系的处理原则。

普通话声母分为两大类:辅音声母和零声母。不同的辅音声母是由不同的发音部位和发音方法决定的。不同的零声母是由不同的舌位(着力点)高低、前后(口腔开度)及唇形(圆展)决定的。对于追求艺术发声的初学者来说,认真领会每一个声母发音要领,稳定掌握口腔的静态控制,准确处理声母与口腔静态控制之间的相互关系,是进入专业基础学习的第一步,且是至关重要的一步。

(一)零声母的发音

零声母是由舌面元音承担的。零声母在发音阶段,口腔的通道接近于开放或全开放,在气流通过时只产生极轻微的摩擦,有的音甚至没有摩擦。普通话语音里有7个零声母音。其实,所有字腹和大部分韵母也是由元音承担的。将舌面元音作为零声母的角色放在本章节中(并且在最前面)进行学习有以下三个原因:

原因一,口腔的静态控制学习要有语音作为基础。由于零声母在发音中要起到声母的作用,因此,在起音时唇舌的力度较之承担韵母的发音要强,有利于唇舌肌肉的收束感及紧张度的形成。

原因二,元音发音的特点之一是起音与落音唇舌静态不变,这样也便于对口腔静态控制的掌握。

原因三,承担零声母的7个舌面元音都将在韵母中承担韵腹(音节中承担字腹)的任务。在专业训练中,6个舌面元音叫"六根柱子"。也就是说,6个元音是"立腔"之本,所以在此须首先学习。

1. 开元音零声母

普通话语音里有4个开元音,作为零声母发音时舌位的肌肉相对紧张,喉部也形成一定的喉塞音。因为这几个元音相对口腔开度较大,故称为开元音零声母,在语音学里也叫"喉音"。

（1）央低不圆唇开元音零声母——a[A]

发音前，颧肌上提，唇齿相依，双唇（口轮匝肌）自然打开呈"一"字形，上齿微露，下巴放松；舌尖抵住下齿龈，舌体呈瘦长形收束在下齿内侧并低于下齿；牙关打开，上下磨牙之间保持一个小拇指粗细的开度；实际保持有一个筷子头粗细的开度；软腭与小舌上挺，堵住鼻腔通道，舌体后部在不压喉的前提下与小舌保持一定的空间距离（图3-4-2）。

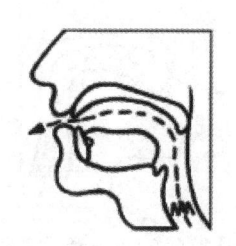

图 3-4-2　a 发音示意图

气流振动声带发音时，舌着力点（舌位）在"央低"，从"起音"到"落音"，舌（尖）与口腔等发音器官保持同一力度与稳定。例如，啊、阿。

（2）后半高圆唇开元音零声母——o[o]

发音前，颧肌上提，唇齿相依，下巴放松；舌尖抵住下齿龈，舌体呈瘦长形收束在下齿内侧；牙关打开，想象上下磨牙之间有一个小拇指粗细的开度，实际保持有一个筷子头粗细的开度；软腭与小舌上挺，堵住鼻腔通道，舌体后部在不压喉的前提下与小舌保持一定的空间距离；双唇（口轮匝肌）呈"一"字形向唇中央集中，横向聚合到半开的圆形并现褶皱，面部肌肉成对抗状态（图3-4-3）。

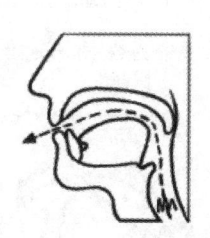

图 3-4-3　o 发音示意图

气流振动声带发音时，舌着力点（舌位）在"后半高"，从"起音"到"落音"，唇、舌（尖）与口腔等发音器官保持同一力度与稳定。例如，喔、哦、噢。

（3）后半高不圆唇开元音零声母——e[Y]

发音前，颧肌上提，唇齿相依，双唇自然打开呈"一"字形，上齿微露，下巴放松；舌尖抵住下齿龈，舌体呈瘦长形收束在下齿内侧；牙关打开，想象上下磨牙之间有一个小拇指粗细的开度，实际保持有一个筷子头粗细的开度。（图3-4-4）。

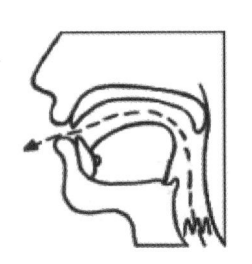

图 3-4-4　e 发音示意图

软腭与小舌上挺堵住鼻腔通道，舌体后部在不压喉的前提下与小舌保持一定的空间距离；气流振动声带发音时，舌着力点（舌位）在"后半高"，从"起音"到"落音"，舌（尖）与口腔等发音器官保持同一力度与稳定。例如，鹅、额、俄、恶、饿、厄、鄂、愕、娥、扼、遏。

（4）前半低不圆唇开元音零声母——ê[ɛ]

发音前，颧肌上提，唇齿相依，双唇自然打开呈"一"字形，上齿微露，下巴放松；舌尖抵住下齿龈，舌体呈瘦长形收束在上下齿内侧，舌体前部处于口腔的半低位置，舌体中部两侧紧靠上磨牙内侧；牙关打开，想象上下磨牙之间有一个小拇指粗细的开度，实际保持有一个筷子头粗细的开度；软腭与小舌上挺，堵住鼻腔通道，舌体后部在不压喉的前提下与小舌保持一定的空间距离（图3-4-5）。

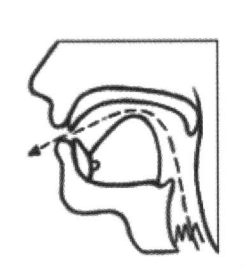

图 3-4-5　ê 发音示意图

气流振动声带发音时，舌着力点（舌位）在"前半低"，从"起音"到"落音"，舌（尖）与口腔等发音器官保持同一力度与稳定。例如，欸。

2. 半元音零声母

普通话语音里有 3 个半元音，在作为零声母发音时，舌位及唇部的肌肉要相对紧张，形成一定的擦音，称为半元音零声母，在语音学里也叫"通音"。

（1）前高不圆唇半元音零声母——i[i]

发音前，颧肌上提，唇齿相依，双唇自然打开呈"一"字形，上齿微露，下巴放松；舌尖抵住下齿龈，舌体呈瘦长形收束在上磨牙内侧，舌面前中（正中沟）接近硬腭前部（图 3-4-6）。

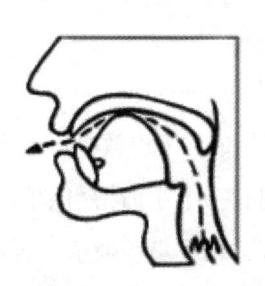

图 3-4-6 i 发音示意图

牙关打开，想象上下磨牙之间有一个筷子头粗细的开度，实际保持有一个牙签粗细的开度，触觉感受上下齿不接触；软腭与小舌上挺，堵住鼻腔通道，舌体后部在不压喉的前提下与小舌保持一定的空间距离；气流振动声带发音时，舌着力点（舌位）在"前高"，从"起音"到"落音"，舌（尖）与口腔等发音器官保持同一力度与稳定。例如，依、仪、椅、意。

（2）前高圆唇半元音零声母——ü[y]

发音前，颧肌上提，唇齿相依，下巴放松；舌尖抵住下齿龈，舌体呈瘦长形收束在上磨牙内侧，舌面前中（正中沟）接近硬腭前部（有一定空隙）；牙关打开，想象上下磨牙之间有一个筷子头粗细的开度，实际保持有一个牙签粗细的开度，触觉感受上下齿不接触；软腭与小舌上挺，堵住鼻腔通道，舌体后部在不压喉的前提下与小舌保持一定的空间距离（图 3-4-7）。

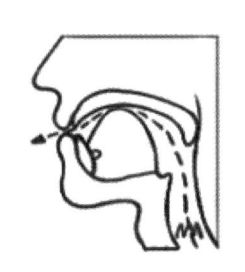

图 3-4-7 ü 发音示意图

双唇（口轮匝肌）呈"一"字形向唇中央集中，横向聚合并现褶皱，而部肌肉呈对抗状态；气流振动声带发音时，着力点在舌前部和唇中央（舌位为"前高圆唇"），从"起音"到"落音"，唇、舌（尖）与口腔等发音器官保持同一力度与稳定，例如，淤、鱼、雨、玉。

（3）后高圆唇半元音零声母——u[u]

发音前，颧肌上提，唇齿相依，下巴放松；舌尖抵住下齿龈，舌体呈瘦长形；牙关打开，想象上下磨牙之间有一个小拇指粗细的开度，实际保持有一个筷子头粗细的开度；软腭与小舌上挺，堵住鼻腔通道，舌体后部在不压喉的前提下与小舌保持一定的空间距离（图 3-4-8）。

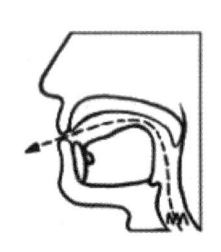

图 3-4-8 u 发音示意图

双唇（口轮匝肌）呈"一"字形向唇中央集中，横向聚合并现褶皱，面部肌肉呈对抗状态；气流振动声带发音时，着力点在舌体后部和双唇中央（舌位为后高圆唇），从"起音"到"落音"，唇、舌（尖）与口腔等发音器官保持同一力度与稳定。例如，呜、无、舞、雾。

（二）辅音声母的发音

由于辅音发音没有乐音成分，单发本音不便听觉判断，因此小学教师在进行声母教学时，常常利用声母加单元音（呼读音）的办法让学生感受声母，比如，bo、po、mo、zi、ci、si、de、te、ne、le、ge、ke、zhi、chi、shi、ri、xi。这样既练习了声母，也通过不同的元音搭配给声母分了类。考虑到"o"音的口腔开度大，使用频率高，为便于口腔静态控制的掌握，同时，增强"a"音的舌体力度，在所有的辅音声母发音中，均加"a"音发音，并针对每一个辅音声母的发音位置、唇舌变化，按照由外而内、由前到后、由下向上的顺序进行学习 ba、pa、ma、ca、sa、ta、na、la、zha、cha、sha、jia、qia、xia、ga、ka、ha。要特别强调的是，在辅音发音示意图里舌体上的"虚线"表示辅音发音结束后"央低不圆唇元音 a"的舌位（ba、pa、ma、fa 在双唇构成阻碍时舌位始终保持为央低不圆唇 a，因此无须"虚线"）。在发音要领中有很多要求相同，关键在于准确掌握每个音素和音位之间的细微差别。

1. 双唇音

普通话辅音声母有 3 个双唇音。

（1）双唇阻不送气清塞音 b[b]，与 a 相拼：ba

发音前，颧肌上提，唇齿相依，下巴放松，舌尖抵住下齿龈，舌体收束，口腔内保持 a 的舌体力度与牙关开度；同时，软腭与小舌上挺，堵住鼻腔通道，舌体后部在不压喉的前提下与小舌保持一定的空间距离（图 3-4-9）。

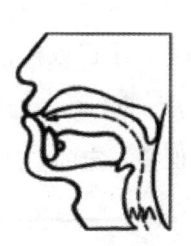

图 3-4-9 ba 发音示意图

双唇（唇匝肌）呈"一"字形向唇中央集中，横向闭合并现褶皱，双唇内缘构成阻碍，面部肌肉呈对抗状态；气流（辅音不振动声带）进入口腔后蓄气，冲击阻气的双唇，并有控制地横向打开，解除阻碍；上口盖平行上提（下巴放松），呈现 a 的口腔开度，此时气流振动声带，发 a 音。从"起音"到"落音"，撇双唇横向有控制地由聚到开，牙关开度与舌体力度不变。例如，八、拔、把、爸。

(2)双唇阻送气清塞音 p[p'],与 a 相拼:pa

发音前,颧肌上提,唇齿相依,下巴放松,舌尖抵住下齿龈,舌体收束,口腔内保持 a 的舌体力度与牙关开度;同时,软腭与小舌上挺,堵住鼻腔通道,舌体后部在不压喉的前提下与小舌保持一定的空间距离;双唇(唇匝肌)呈"一"字形向唇中央集中,横向闭合并现褶皱,双唇内缘构成阻碍,面部肌肉呈对抗状态(图 3-4-10)。

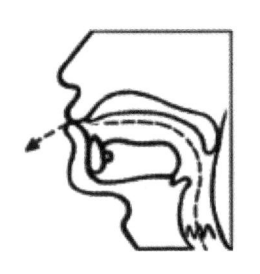

图 3-4-10 pa 发音示意图

气流不振动声带,在进入口腔后蓄气,冲击阻气的双唇(气流较强),双唇有控制地横向打开,解除阻碍;上口盖平行上提(下巴放松),呈现 a 的口腔开度,此时气流振动声带,发 a 音。从"起音"到"落音",双唇横向有控制地由聚到开,牙关开度与舌体力度不变。例如,啪、趴、爬、怕。

(3)双唇阻浊鼻音 m[m],与 a 相拼:ma

发音前,颧肌上提,唇齿相依,下巴放松,舌尖抵住下齿龈,舌体收束,口腔内保持 a 的舌体力度与牙关开度;同时,软腭与小舌上挺,堵住鼻腔通道,舌体后部在不压喉的前提下与小舌保持一定的空间距离(图 3-4-11)。

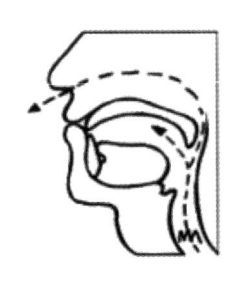

图 3-4-11 ma 发音示意图

双唇(唇匝肌)呈"一"字形向唇中央集中,横向闭合并现褶皱,双唇内缘构成阻碍，面部肌肉呈对抗状态；气流振动声带，在进入口腔后蓄气，冲击阻气的双唇受阻，转从鼻腔流出，双唇有控制地横向打开，解除阻碍；上口盖平行上提（下巴放松），呈现 a 的口腔开度，此时气流振动声带，发 a 音。从"起音"到"落音"，双唇横向有控制地由聚到开，牙关开度与舌体力度不变。例如，妈、麻、马、骂。

2. 唇齿音

普通话辅音声母只有 1 个唇齿音。唇齿阻清擦音 f[f]，与 a 相拼：fa。

发音前，颧肌上提，唇齿相依，下巴放松，舌尖抵住下齿龈，舌体收束，口腔内保持 a 的舌体力度与牙关开度；同时，软腭与小舌上挺，堵住鼻腔通道，舌体后部在不压喉的前提下与小舌保持一定的空间距离；双唇（唇匝肌）呈"一"字形向唇中央集中，上齿尖接近下唇内缘构成阻碍，形成一个狭窄的缝隙，面部肌肉呈对抗状态（图 3-4-12）。

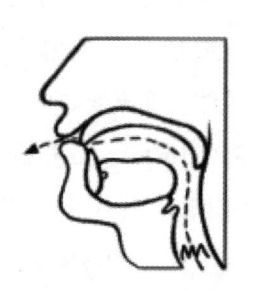

图 3-4-12　fa 发音示意图

气流振动声带，在进入口腔后蓄气，再从齿与唇的间隙摩擦通过，上齿（上唇）与下唇有控制地横向打开，解除阻碍；上口盖平行上提（下巴放松），呈现 a 的口腔开度，此时气流振动声带，发 a 音。从"起音"到"落音"，双唇横向有控制地由聚到开，牙关开度与舌体力度不变。例如，发、罚、法、珐。

3. 舌尖前音

普通话辅音声母有 3 个舌尖前音。

（1）舌尖前阻不送气清塞擦音 z[ts]，与 a 相拼：za

发音前，颧肌上提，唇齿相依，双唇自然打开呈"一"字形，上齿微露，下巴放松；舌尖抵住下齿背，并完全闭塞构成阻碍；舌体收束（舌叶被动接触上齿龈，舌体两边被动接触上磨牙内侧），牙关打开，上下磨牙之间有一个牙签粗细的开度，触觉感受上下磨牙不接触；同时，软腭与小舌上挺，堵住鼻腔通道，舌体后部在不压喉的前提下与小舌保持一定的空间距离（图3-4-13）。

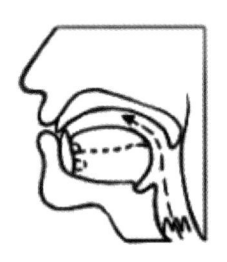

图 3-4-13　za 发音示意图

气流不振动声带，在进入口腔后蓄气，阻塞部位的舌尖与下齿背之间形成一个狭窄的缝隙，气流从窄缝中摩擦挤出，解除阻碍；舌尖（与舌体）迅速由下齿向下齿龈（或更下）移动，上口盖平行上提（下巴放松），口腔由闭到开，呈现ɑ的开度，此时气流振动声带，发ɑ音（示意图虚线为央低不圆唇ɑ舌位，以下相同）。从"起音"到"落音"，舌体力度不变。例如，咂、杂、咋、扎。

（3）舌尖前阻送气清塞擦音c[ts']，与ɑ相拼：cɑ

发音前，颧肌上提，唇齿相依，双唇自然打开呈"一"字形，上齿微露，下巴放松；舌尖抵住下齿背，并完全闭塞构成阻碍；舌体收束（舌叶被动接触上齿龈，舌体两边被动接触上磨牙内侧），牙关打开，上下磨牙之间有一个牙签粗细的开度，触觉感受上下磨牙不接触，同时，软腭与小舌上挺，堵住鼻腔通道，舌体后部在不压喉的前提下与小舌保持一定的空间距离（图3-4-14）。

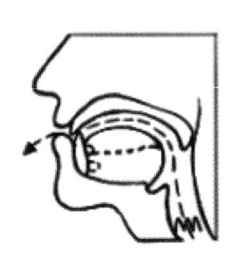

图 3-4-14　cɑ 发音示意图

气流不振动声带，在进入口腔后蓄气，阻塞部位的舌尖与下齿背之间形成一个狭窄的缝隙，气流从窄缝中摩擦挤出（气流较强），解除阻碍；舌尖（与舌体）迅速由下齿向下齿龈（或更下）移动，上口盖平行上提（下巴放松），口腔由闭到开，呈现 a 的开度，此时气流振动声带，发 a 音。从"起音"到"落音"，舌体力度不变。例如，擦、嚓。

（3）舌尖前阻清擦音 s[s]，与 a 相拼：sa

发音前，颧肌上提，唇齿相依，双唇自然打开呈"一"字形，上齿微露，下巴放松；舌尖接近下齿背形成一个狭窄的缝隙构成阻碍；舌体收束（两边被动接触上磨牙内侧），牙关打开，上下磨牙之间有一个牙签粗细的开度，触觉感受上下磨牙不接触，同时，软腭与小舌上挺，堵住鼻腔通道，舌体后部在不压喉的前提下与小舌保持一定的空间距离；气流不振动声带，在进入口腔后蓄气，从窄缝中摩擦挤出，解除阻碍（图 3-4-15）。

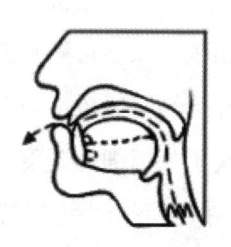

图 3-4-15 sa 发音示意图

舌尖（与舌体）迅速由下齿向下齿龈（或更下）移动，上口盖平行上提（下巴放松），口腔由闭到开，呈现 a 的开度，此时气流振动声带，发 a 音。从"起音"到"落音"，舌体力度不变。例如，撒、洒、卅。

4. 舌尖中音

普通话辅音声母有 4 个舌尖中音。

（1）舌尖中阻不送气清塞音 d[d]，与 a 相拼：da

发音前，颧肌上提，唇齿相依，双唇自然打开呈"一"字形，上齿微露，下巴放松；舌尖抵住上齿龈（舌叶接触齿龈桥）完全闭塞构成阻碍；舌体收束（在上磨牙内侧），牙关打开，上下磨牙之间有一个筷子头粗细的开度；同时，软腭与小舌上挺，堵住鼻腔通道，舌体后部在不压喉的前提下与小舌保持一定的空间距离（图 3-4-16）。

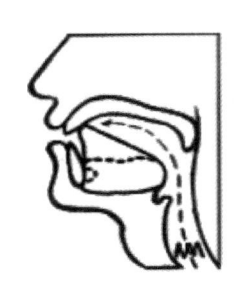

图 3-4-16 da 发音示意图

气流不振动声带,在进入口腔后蓄气,冲击阻气的舌尖,解除阻碍;舌尖(与舌体)迅速由上齿龈向下齿龈(或更下)移动,上口盖平行上提(下巴放松),口腔由半开到开,呈现 a 的开度,此时气流振动声带,发 a 音。从"起音"到"落音",舌体力度不变。例如,搭、达、打、大。

(2)舌尖中阻送气清塞音 t[t'],与 a 相拼:ta

发音前,颧肌上提,唇齿相依,双唇自然打开呈"一"字形,上齿微露,下巴放松;舌尖抵住上齿龈(舌叶接触齿龈桥)完全闭塞构成阻碍;舌体收束,牙关打开,上下磨牙之间有一个筷子头粗细的开度;同时,软腭与小舌上挺,堵住鼻腔通道,舌体后部在不压喉的前提下与小舌保持一定的空间距离(图 3-4-17)。

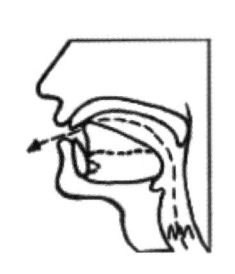

图 3-4-17 ta 发音示意图

气流不振动声带,在进入口腔后蓄气,冲击阻气的舌尖(气流较强),解除阻碍;舌尖(与舌体)迅速由上齿龈向下齿龈(或更下)移动,上口盖平行上提(下巴放松),口腔由半开到开,呈现 a 的开度,此时气流振动声带,发 a 音。从"起音"到"落音",舌体力度不变。例如,塌、沓、塔、踏。

(3)舌尖中阻浊鼻音 n[n] 与 a 相拼:na

发音前,颧肌上提,唇齿相依,双唇自然打开呈"一"字形,上齿微露,下巴放松；舌尖抵住上齿龈（舌叶接触齿龈桥）完全闭塞构成阻碍；舌体收束，牙关打开，上下磨牙之间有一个筷子头粗细的开度；由于发音时要保持口腔的静态控制，因此软腭和小舌仍要保持上挺，但没有完全堵塞鼻腔通道，舌体后部在不压喉的前提下与小舌保持一定的空间距离（图3-4-18）。

气流振动声带后冲击口腔受阻，转从鼻腔流出，解除阻碍；舌尖（与舌体）迅速由上齿龈向下齿龈（或更下）移动，上口盖平行上提（下巴放松），口腔由半开到开，呈现a的开度，此时气流振动声带，发 na 音。从"起音"到"落音"，舌体力度不变。例如，拿、哪、那。

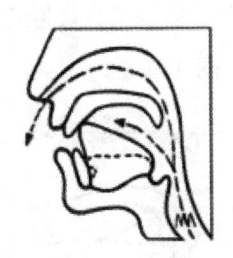

图 3-4-18 na 发音示意图

（4）舌尖中阻浊边音 l[l]，与 a 相拼：la

发音前，颧肌上提，唇齿相依，双唇自然打开呈"一"字形，上齿微露，下巴放松；舌尖卷起抵住上齿龈后部的齿龈桥构成阻碍；舌体收束，牙关打开，上下磨之间有一个筷子头粗细的开度；同时，软腭与小舌上挺，堵住鼻腔通道，舌体后部在不压喉的前提下与小舌保持一定的空间距离（图3-4-19）。

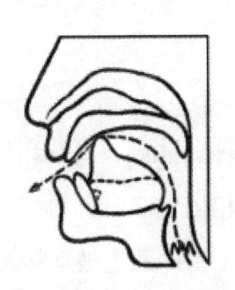

图 3-4-19 la 发音示意图

气流振动声带，在进入口腔后到前部受阻，转从舌体两边流出，解除阻碍；舌尖（与舌体）迅速由齿龈桥向下齿龈（或更下）移动，上口盖平行上提（下巴放松），口腔由半开到开，呈现 a 的开度，此时气流振动声带，发 a 音。从"起音"到"落音"，舌体力度不变。例如，拉、刺、喇、辣。

5. 舌尖后音

普通话辅音声母有 4 个舌尖后音。

（1）舌尖后阻不送气清塞擦音 zh[tʂ]，与 a 相拼：zha

发音前，颧肌上提，唇齿相依，双唇自然打开呈"一"字形，上齿微露，下巴放松；舌尖翘起抵住齿龈桥（舌体两边被动接触上磨牙内侧）完全闭塞构成阻碍；舌体收束，牙关打开，上下磨牙之间有一个牙签粗细的开度，触觉感受上下磨牙不接触，同时，软腭与小舌上挺，堵住鼻腔通道，舌体后部在不压喉的前提下与小舌保持一定的空间距离（图 3-4-20）。

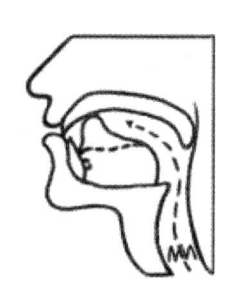

图 3-4-20　zha 发音示意图

气流不振动声带，在进入口腔后蓄气，阻塞部位的舌尖与齿龈桥之间形成一个狭窄的缝隙，气流从窄缝中摩擦挤出，解除阻碍；舌尖（与舌体）迅速由齿龈桥向下齿龈（或更下）移动，上口盖平行上提（下巴放松），口腔由闭到开，呈现 a 的开度，此时气流振动声带，发 a 音。从"起音"到"落音"，舌体力度不变。例如，扎、闸、眨、炸。

（2）舌尖后阻送气清塞擦音 ch[tʂ']，与 a 相拼：cha

发音前，颧肌上提，唇齿相依，双唇自然打开呈"一"字形，上齿微露，下巴放松；舌尖翘起抵住齿龈桥（舌体两边被动接触上磨牙内侧）完全闭塞构成阻碍；舌体收束，牙关打开，上下磨牙之间有一个牙签粗细的开度，触觉感受上下磨牙不接触，同时，软腭与小舌上挺，堵住鼻腔通道，舌体后部在不压喉的前提下与小舌保持一定的空间距离（图 3-4-21）。

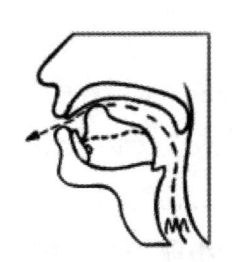

图 3-4-21　cha 发音示意图

气流不振动声带，在进入口腔后蓄气，阻塞部位的舌尖与齿龈桥之间形成一个狭窄的缝隙，气流从窄缝中摩擦挤出（气流较强），解除阻碍；舌尖（与舌体）迅速由齿龈桥向下齿龈（或更下）移动，上口盖平行上提（下巴放松），口腔由闭到开，呈现 a 的开度，此时气流振动声带，发 a 音。从"起音"到"落音"，舌体力度不变。例如，插、查、衩、岔。

（3）舌尖后阻清擦音 sh[s]，与 a 相拼：sha

发音前，颧肌上提，唇齿相依，双唇自然打开呈"一"字形，上齿微露，下巴放松；舌尖翘起与齿龈桥形成一个狭窄的缝隙构成阻碍（舌体两边抵住上磨牙内侧）；舌体收束，牙关打开，上下磨牙之间有一个牙签粗细的开度，触觉感受上下磨牙不接触；同时，软腭与小舌上挺，堵住鼻腔通道，舌体后部在不压喉的前提下与小舌保持一定的空间距离（图 3-4-22）。

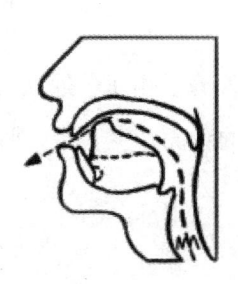

图 3-4-22　sha 发音示意图

气流不振动声带，在进入口腔后蓄气，从舌尖与齿龈桥之间的窄缝中摩擦挤出，解除阻碍；舌尖（与舌体）迅速由齿龈桥向下齿龈（或更下）移动，上口盖平行上提（下巴放松），口腔由闭到开，呈现 a 的开度，此时气流振动声带，发 a 音。从"起音"到"落音"，舌体力度不变。例如，杀、啥、傻、煞。

（4）舌尖后阻浊擦音 r[ʐ]，与 a 相拼：ra

发音前，颧肌上提，唇齿相依，双唇自然打开呈"一"字形，上齿微露，下巴放松；舌尖翘起与齿龈桥形成一个狭窄的缝隙构成阻碍（舌体两边抵住上磨牙内侧）；舌体收束，牙关打开，上下磨牙之间有一个牙签粗细的开度，触觉感受上下磨牙不接触，同时，软腭与小舌上挺，堵住鼻腔通道，舌体后部在不压喉的前提下与小舌保持一定的空间距离（图 3-4-23）。

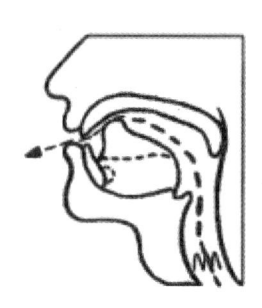

图 3-4-23　ra 发音示意图

气流振动声带，之后进入口腔，从舌尖与齿龈桥之间的窄缝中摩擦挤出，解除阻碍；舌尖（与舌体）迅速由齿龈桥向下齿龈（或更下）移动，上口盖平行上提（下巴放松），口腔由闭到开，呈现 a 的开度，此时气流振动声带，发 a 音。从"起音"到"落音"，舌体力度不变。例如，rā、rá（实际无此音，纯为训练）。

6. 舌面音

普通话辅音声母有 3 个舌面音。由于普通话舌面音在与 a 拼合时必须有舌面元音 i 作为过渡，因此在下面的舌面音发音中，唇舌变化较为复杂（属于复元音韵母）。

（1）舌面阻不送气清塞擦音 j[tɕ]，与 ia 相拼：jia

发音前，颧肌上提，唇齿相依，双唇自然打开呈"一"字形，上齿微露，下巴放松；舌尖抵住下齿龈，舌面前部与齿龈桥后（硬腭前部）完全闭塞构成阻碍（舌体两边抵住上磨牙内侧）；舌体收束，牙关打开，上下磨牙之间有一个牙签粗细的开度，触觉感受上下齿不接触，同时，软腭与小舌上挺，堵住鼻腔通道，舌体后部在不压喉的前提下与小舌保持一定的空间距离（图 3-4-24）。

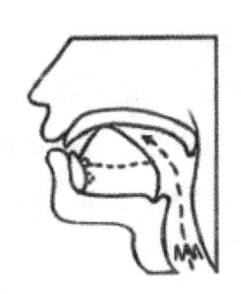

图 3-4-24　jia 发音示意图

气流不振动声带，在进入口腔后蓄气，阻塞部位的舌面前部与硬腭前部（齿龈桥后）之间形成一个狭窄的缝隙，气流从窄缝中摩擦挤出，解除阻碍，此时舌体力度迅速由舌面前部的中央部位横向移动至舌面前部的两侧，同时气流振动声带发 i 音，瞬间舌体（力度）再由舌面前部的两侧向下齿龈（或更下）移动，上口盖平行上提（下巴放松），口腔由闭到开，呈现 a 的开度，发 a 音。从"起音"到"落音"，舌体力度不变。例如，家、夹、假、嫁。

（2）舌面阻送气清塞擦音 q[tɕʻ]，与 ia 相拼：qia

发音前，颧肌上提，唇齿相依，双唇自然打开呈"一"字形，上齿微露，下巴放松；舌尖抵住下齿龈，舌面前部与齿龈桥后（硬腭前部）完全闭塞构成阻碍（舌体两边抵住上磨牙内侧）；舌体收束，牙关打开，上下磨牙之间有一个牙签粗细的开度，触觉感受上下齿不接触，同时，软腭与小舌上挺，堵住鼻腔通道，舌体后部在不压喉的前提下与小舌保持一定的空间距离（图 3-4-25）。

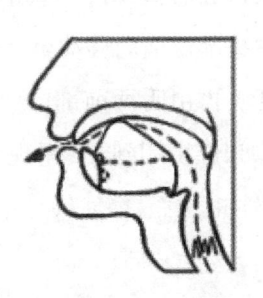

图 3-4-25　qia 发音示意图

气流不振动声带，在进入口腔后蓄气，阻塞部位的舌面前部与硬腭前部（齿龈桥后）之间形成一个狭窄的缝隙，气流从窄缝中摩擦挤出（气流较强），解除阻碍，此时舌体力度迅速由舌面前部的中央部位横向移动至舌面前部的两侧，同时气流振动声带发 i 音，瞬间舌体（力度）再由舌面前部的两侧向下齿龈（或更下）移动，上口盖平行上提（下巴放松），口腔由闭到开，呈现 a 的开度，发 a 音。从"起音"到"落音"，舌体力度不变。例如，掐、卡、恰。

（3）舌面阻清擦音 x[ɕ]，与 ia 相拼：xia

发音前，颧肌上提，唇齿相依，双唇自然打开呈"一"字形，上齿微露，下巴放松；舌尖抵住下齿龈，舌面前部接近硬腭前部（齿龈桥后），形成一个狭窄的缝隙构成阻碍（舌体两边抵住上磨牙内侧），舌体收束，牙关打开，上下磨牙之间有一个牙签粗细的开度，触觉感受上下齿不接触，同时，软腭与小舌上挺，堵住鼻腔通道，舌体后部在不压喉的前提下与小舌保持一定的空间距离（图 3-4-26）。

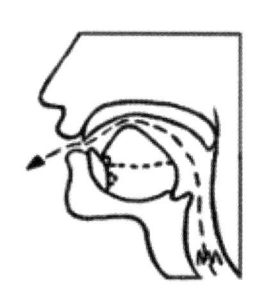

图 3-4-26　xia 发音示意图

气流不振动声带，在进入口腔后蓄气，从窄缝中摩擦挤出，解除阻碍，此时舌体力度迅速由舌面前部的中央部位横向移动至舌面前部的两侧，同时气流振动声带发 i 音，瞬间舌体（力度）再由舌面前部的两侧向下齿龈（或更下）移动，上口盖平行上提（下巴放松），口腔由闭到开，呈现 a 的开度，发 a 音。从"起音"到"落音"，舌体力度不变。例如，瞎、霞、侠、吓。

7. 舌根音

普通话辅音声母有 3 个舌根音。

（1）舌根阻不送气清塞音 g[k]，与 a 相拼：ga

颧肌上提，唇齿相依，双唇自然打开呈"一"字形，上齿微露，下巴放松；舌尖抵住下齿龈，舌根立起，与软硬腭交界处构成阻碍，舌体收束，牙关打开，上下磨牙之间有一个小拇指粗细的开度，同时，软腭与小舌上挺，堵住鼻腔通道，舌体后部在不压喉的前提下与小舌保持一定的空间距离（图3-4-27）。

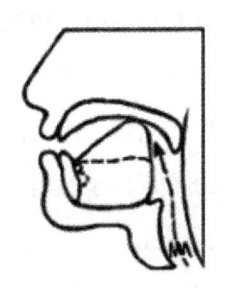

图 3-4-27　ga 发音示意图

气流不振动声带，在进入口腔后蓄气，冲击阻气的舌根，解除阻碍，舌根（与舌体）迅速由软硬腭交界处向下磨牙内侧（或更下）移动，上口盖平行上提（下巴放松、不动），口腔呈现a的开度，此时气流振动声带，发a音。从"起音"到"落音"，舌体力度不变。例如，旮、嘎、尬。

（2）舌根阻送气清塞音k[k']，与a相拼：ka

颧肌上提，唇齿相依，双唇自然打开呈一字形，上齿微露，下巴放松；舌尖抵住下齿龈，舌根立起，与软硬腭交界处构成阻碍，舌体收束，牙关打开，上下磨牙之间有一个小拇指粗细的开度，同时，软腭与小舌上挺，堵住鼻腔通道，舌体后部在不压喉的前提下与小舌保持一定的空间距离（图3-4-28）。

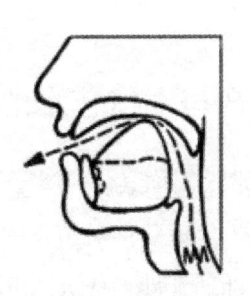

图 3-4-28　ka 发音示意图

气流不振动声带，在进入口腔后（蓄气），冲击阻气的舌根（气流较强），解除阻碍，舌根（与舌体）迅速由软硬腭交界处向下磨牙内侧（或更下）移动，上口盖平行上提（下巴放松、不动），口腔呈现a的开度，此时气流振动声带，发a

音。从"起音"到"落音",舌体力度不变。例如,喀、咔。

(3)舌根阻清擦音 h[x],与 a 相拼:ha

颧肌上提,唇齿相依,双唇自然打开呈一字形,上齿微露,下巴放松;舌尖抵住下齿龈,舌根立起接近软硬腭交界处,形成一个狭窄的缝隙构成阻碍,舌体收束,牙关打开,上下磨牙之间有一个小拇指粗细的开度,同时,软腭与小舌上挺,堵住鼻腔通道,舌体后部在不压喉的前提下与小舌保持一定的空间距离(图 3-4-29)。

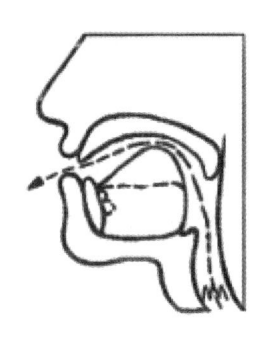

图 3-4-29 ha 发音示意图

气流不振动声带,在进入口腔后(蓄气),从窄缝中摩擦挤出,解除阻碍,舌根(与舌体)迅速由软硬腭交界处向下磨牙内侧(或更下)移动,上口盖平行上提(下巴放松、不动),口腔呈现 a 的开度,此时气流振动声带,发 a 音。从"起音"到"落音",舌体力度不变。例如,哈、蛤。

第五节 播音与主持艺术的喉部与声调

喉是声音产生的源头,通常人们称其为"嗓子",它的形状虽然"狭窄细小",对于发声却起着很重要的作用。生理条件对声音的质量有着不可逾越的限制。每个人的噪音条件不尽相同,男性、女性、成人、儿童各具特色,音色、音质也大相径庭,在日常生活中,人们评价一个人声音的优劣,通常以"粗、亮、大、好、尖、细、低、暗"等词语来界定。其实,声音的变化除了先天条件的制约,还取决于在声音产生时生理器官的不同活动状态。

在播音发声时,一方面,声音的虚实变化是通过喉部的控制来实现的。没有经过专门训练或不会使用噪音的人，由于发声时挤压喉部，不仅听觉效果不佳，也会因此使喉部受力过大，有可能引起病变，而一个有经验的用声者会根据自身的生理条件，运用恰当的方法，合理协调地提高用声能力。可以说，一个人的音色虽说受自身生理条件限制不能改变，但是在合理用气、规范发音、调整共鸣的基础上，科学规范地发音用声可以改善与美化其声音，并且能够延长声带的使用寿命，防止弊病，保证声带健康。另一方面，产生语义的声调高低变化也是通过喉部控制完成的。在世界语言中，有以句子为单位的语调语言和以字词为单位的声调语言，汉语就属于声调语言。声调是指整个音节高低升降的变化，音高的变化决定了声调的性质，喉部声带的松紧决定了音高的变化，即声带的松紧变化形成了阴、阳、上、去等调值，如果把声母和韵母比喻为一艘船的主体，那么声调就像是船舵，是一艘船的灵魂。这一艘船能否沿着精确的航线前行，就要看舵手有没有把握好这一艘船的灵魂。

一、喉部的生理构造

要想科学地使用声音，就要对喉部的生理构造及活动状态有所认识。经过解剖后分析得知，喉上接咽部，下连气管，位于咽腔和气管的连接处，处于一个狭窄的"室"内，就像一个瓶颈或要塞。这个"室"内的家庭成员各司其职，下面我们来一一阐述。

（一）喉部软骨

喉部软骨主要有五块：甲状软骨、环状软骨、勺状软骨（一对）及会厌软骨，如图 3-5-1 所示。

甲状软骨是喉部软骨中最大的一块，外形就像一个盾甲，位于环状软骨的前上方，构成了这个"活动小室（喉）"的前壁。如果用两只手掌做捧物状，双手小拇指并拢后的对接处就是甲状软骨角。根据手掌做捧物状的开合程度，表现出因性别差异导致了软骨角的大与小。这个软骨角从外形上观察就是我们所指的喉头，也称喉结，男性为 50°～90°，女性为 80°～114°。甲状软骨的下方与环状软骨相接。

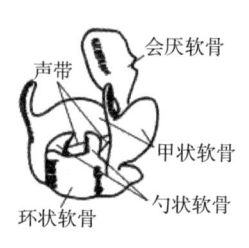

图 3-5-1　喉部软骨图

环状软骨在喉的底部，是喉的基础软骨。环状软骨呈环状，下接气管，上接甲状软骨与勺状软骨。为了便于理解、灵活掌握，我们把双手成夹角合拢比作甲状软骨，那么，双手腕并拢即可理解为环状软骨，两个大拇指就是形象的勺状软骨。

勺状软骨位于环状软骨后上部的喉部支架内，两条声带就附着在勺状软骨的两个底前角处（声带突），在勺状软骨灵活转动的同时，声门做开闭的运动。

会厌软骨位于甲状软骨夹角处的上方，由韧带连接，在呼吸发声时是打开的状态，它的主要职责是在吞咽食物时避免食物误入气管，起遮蔽喉口的作用。

（二）喉部肌肉

喉部肌肉包括环甲肌、甲勺肌、环勺后肌、环勺侧肌和勺肌五个部分，它们分别负责声门的开合与松紧。两条声带前端相靠，在后端吸气时分开，在发声时靠拢。两声带间叫声门。负责声门开合、松紧的是喉部肌肉。从声带作用看，喉部肌肉可分为以下三组：

声门闭合肌。收缩时，声门闭合。有环勺侧肌和勺肌。

声门外展肌。收缩时，声门开大。它是环勺后肌。

声带张肌。它负责声带的长短、松紧。主要包括两种：一是甲勺肌（声带肌）。甲勺内肌长在声带内，也就是声带的本体，又叫声带肌。前端附在甲状软骨交角内面，后端附着在勺状软骨声带突处。收缩时，声带缩短并彼此接近，所以也叫声带内张肌。二是环甲肌。环甲肌收缩时，甲状软骨前倾，声带被拉长、拉紧，所以也叫声带外张肌。

(三) 声带、声门

声带是人声产生的源头，位于喉室中央，是两条长短、宽窄相同，并列对称的、富有弹性的纤维质薄膜，性质像韧带，正常情况下呈瓷白色。如前所述，声带的前端附着在甲状软骨的内夹角处，不能分开。它的后端分别挂在两个勺状软骨的声带突上，可以灵活转动。当勺状软骨活动时，就会牵动两条声带相互运动，因此声带即被拉紧、变薄或放松、变厚。在整体振动或部分振动的过程中，声门也随之做或开或合的运动。

声带中间的通道被称作"声门"，声带的松紧和气流冲击声带所产生的振动频率使声门的大小发生变化，并决定着声音的音色。发音时声门打开，声带不振动，完全是气流摩擦音，即属于气声的发音状态；发音时声门开度略大，气流摩擦音大于声带振动的乐音成分，带来的听觉效果是虚声；发音时声门轻松闭合或半闭合，声带振动，以乐音成分为主，略带有摩擦音，带来的听觉效果是柔和的虚实声；发音时声门紧闭，声带振动，没有气流摩擦音，带来的听觉效果是明亮的实声，也就是行内所说的"金属声"，如图 3-5-2 所示。

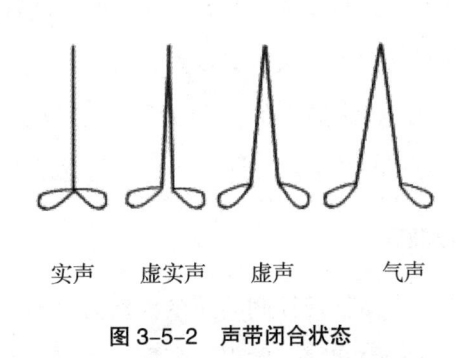

实声　　虚实声　　虚声　　气声

图 3-5-2　声带闭合状态

二、喉部控制

作为一名从事有声语言艺术的工作者，怎样在意识的支配下恰当地控制好每一个发声器官，使其运用得更加科学、规范，这个问题就显得尤为重要。

（一）喉部的相对放松

无论是相对控制，还是相对放松，都是一种控制。从认识论的观点来看，理解与把握任何一个事物都要做到"相对",在用声中,喉部的控制也是如此。如果喉部及声带肌肉被过分挤压,那么,势必造成产生成倍泛音的基音因受力过大而损耗,使声音干、涩、暗。有的人因为喜欢某人的声音,盲目模仿,为了让声音听起来具有丰富的胸腔共鸣,便采用压喉的方法;有的人想使音量加大或音调调高,便捏挤嗓子。在学习中要避免这种为追求所谓的"美声",错误地挤压喉部肌肉造成声音紧、窄、抖等现象的出现,必须让喉部相对放松。

喉部的相对放松,能使声带在气流冲击下不受过多的压力,在振动发声时充分发挥泛音的作用,使音色丰富明亮。由于声调具有高低起伏、相对音高的变化,声带在不适当振动频率的支配下,就容易引起声带肌的不良反应,即高音挤喉、低音压喉。尤其遇到"上声"时,很多人存在喉部用声控制问题。上声调值是先降后升,所以,在降到1度时,往往容易产生压喉的现象,使声音听起来不舒展(在前面章节里已涉及)。另外,舌位居后的音节,如 ang、ao、ou 等,在发音时舌位靠后,声音的位置受舌体着力点(舌位)的影响,也容易产生压喉的现象。还有一个问题,唇部肌肉与舌前部肌肉力度不够,产生声音"后坐",也是产生压喉的原因之一。例如,i 与 ü 舌位着力点在舌前部及唇部,并且口腔开度小,后声腔容易压、挤,如果既要放松喉部又要发音清晰,就必须加强唇舌前部力度的训练,使发声的口腔控制始终保持在"后面开度,前面力度"的静态中。因此,相对放松喉部不能仅从纯粹的发声角度训练,还要注意运用到具体的发音上。

(二)喉部的相对控制

相对控制是针对喉部不做任何控制的完全放松而言的,放松喉部并不是使声带肌失去应有的张力。无论是实声、虚声,还是虚实声,都是气流冲击声带振动的结果。气流冲击越大,声带越紧张,声音就越明亮;气流冲击越小,声带越松弛,声音就越暗淡。但如果喉部肌肉过于松弛,声带处在懈怠的半闭合、非闭合状态,这时候气流冲击再大,声门也不能产生乐音;如果喉部肌肉过于紧张,声带处于非正常的闭合状态,气流冲击声门受阻,带来的声响效果也会不佳。所以,只有做到对喉部的相对控制,才能更好地发挥其作用。

如前所述,歌唱等听觉艺术的传达以旋律为主,单位时间内音节少,喉部控制受口腔开合及唇舌变化的影响小，就会相对稳定；对于从事有声语言艺术工作的人来说，听觉传达主要以语言为主，单位时间内音节多。所以，喉部的相对控制除了特殊的整体发声问题外（像压喉等），更多地体现在具体发音时与口腔控制及唇舌变化引起的用声上，即喉部与口腔的相互作用是否能协调处理。例如，发零声母音，为了做到准确、清晰，起头的元音在发音时要比单发时力度大些。此时，喉部就要做相对的控制，即有一个喉塞音的感觉，否则就会含混不清；对于没有韵尾的后响复韵母来说，在发音中同样需要有喉塞音的感觉，即喉部的相对控制，以起到韵尾的归音作用。当然，喉部要做到真正的相对放松与控制，与双唇控制、舌位动程以及气息、声调运用等都要配合协调。

三、声调发音

普通话音节除由口腔控制完成声母、韵母的构成之外，还有一个不可忽视的要素，那就是由喉部控制完成的声调。

（一）声调

声调是汉语音节中所固有的，可以区别意义的高低和升降。因为一个音节就是一个汉字，所以声调又叫字调。

1. 声调的作用

声调是汉语言区别于其他语言最显著的特点。首先，它同声母、韵母一样，有区别意义的作用，是字音表义的灵魂，例如，普通话里的"通知、同治、统治、痛指"等词语，从听觉判断，音素（声母、韵母）组合相同，但是因声调不同，就有了不同的意义；其次，声调的高低起伏变化，使语流具有抑扬顿挫的、优美的节奏感和较强的音乐性。

2. 声调的特性

在普通话音节发音中，声调的变化主要由音高来决定，而音高的变化是根据发音时声带的松紧变化而变化的。发音时声带越紧，在单位时间内振动的次数越多，声音的频率就越高，声调也就越高；发音时声带越松，在单位时间内振动的次数越少，声音的频率就越低，声调也就越低。在发音时，根据声调的高低要求，声带会进行或松，或紧，或松紧相间的变化。

由于每个人的自如声区不同，有声语言的使用声区也不尽相同，声调的音高变化只能根据每个人的声音条件进行相应调整，因此声调的高低是相对的，并不要求音高频率的绝对值。音乐中的音阶和声调的高低不同，音阶的高低变化是绝对的。另外，音阶与声调的变化方式有所不同。用一个通俗的比喻，音阶的变化在不同音高之间是跳跃式前行的，就像上下台阶一样（只在同一音符内平行），而声调的高低变化在同一声调内（阴平例外）则是滑行式前行的，就像上下坡一样。

3. 声调的分类

普通话声调共分四类，分别是阴平、阳平、上声和去声。这种对声调的分类就叫调类。每一个声调都有各自高低、升降和曲直的变化，叫作调值。它是声调的实际读法。

普通话声调调值通常采用五度标记法记录。用一条竖线表示声音的高低，从最低点到最高点共分为五度，即低、半低、中、半高、高，分别用 1、2、3、4、5 依次表示，书写时采用"ˉ ˊ ˇ ˋ"的四声调号，如图 3-5-3 所示。

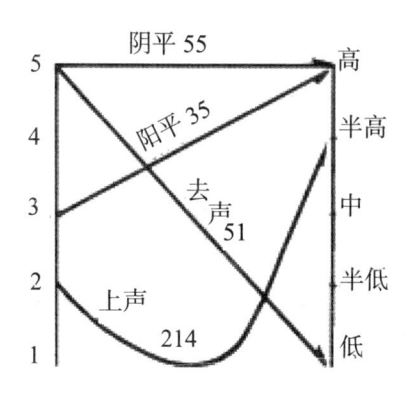

图 3-5-3　普通话声调五度标记图

（二）声调的发音

声调发音、音高的把握（喉部控制）和气息的调节有很大的关系，发音时声调高低抑扬的变化要和气息控制结合起来。

1. 阴平发音要领

高平调，发音时起音音高由 5 度到 5 度，声带闭合同气息控制、音高一样，都要保持始终如一，不能松懈与下降。即起音后直至发音结束，音高依然保持起音时的高度，气息依然保持相对控制，想象发出的声音就像一根粗细适中且通畅横放着的管子。四个声调中阴平的调值最高，全调时值比上声、阳平略短，比去声稍长。

2. 阳平发音要领

高升调，发音时起音音高由中音 3 度不断上升至最高 5 度，声带闭合由松到紧，气息控制由弱变强，声音走向是直线上升、不能拐弯的趋势，想象发出的声音就像一根粗细适中、通畅直挺、斜立向上的管子。全调时值比阴平、去声稍长，比上声略短。

3. 上声发音要领

降升调，发音时起音音高由半低 2 度下降至 1 度，并在此稍做停留，然后上升到 4 度，即先降后升。声带闭合由微紧到松弛，稍做舒展再到紧，想象发出的声音就像一根"U"型管，在"1"值处弯度较大。一般把上声调值发成 214 来体会可能会更好，气息保持控制并被逐渐加强。全调时值比阴平、阳平、去声都要稍长一些。

4. 去声发音要领

全降调，发音时起音音高由最高的 5 度降到最低的 1 度，声带闭合由紧到松，想象发出的声音就像一根粗细适中且通畅直挺、斜立向下的管子。全调比阴平、阳平、上声要略短一些。

四、喉部控制与声调训练

不是每一个人都需要纯粹的喉部放松与控制训练，而喉部结合声调控制后，喉部放松与控制训练就如同气息、口腔控制的训练一样，具有普遍性。

（一）喉部控制训练

除了少数初学者因自身发声习惯有压喉问题，一般初学者发音时为了追求力度，容易在舌位比较靠后的音节上，把握不好舌体前部的力度，造成压喉，舌位比较高的音节又容易挤喉。此问题就需要加强口腔前部的唇舌力度训练，以放松喉部。业内有句行话，两头紧（口腔与腰腹），中间松（喉部）。如果学习者舌后部无力，发零声母音节和舌根音声母音节时，容易导致字音含混不清，在此情况下，需加强舌位及发音位置的着力点力度，使喉部在不压喉的前提下，做到相对控制，保证喉部共鸣充分发挥，改善吐字不清现象。

1. 喉部相对放松训练

喉部放松训练是针对喉部过于紧张而言的。可先采用无声训练法，即口腔保持静态控制、不进行吐字归音的一种放松训练方法。有针对性地结合发音进行放松喉部的训练——结合唇舌前部参与发音的音节，进行口腔"前面力度，后面开度"，结合舌后部参与发音的音节，进行"后音前发"的控制训练，体会实际发音时喉部的放松状态，这是达到训练目的的一种有效途径。

发气泡音姿势要正，体态放松，通过"内视"或触觉感受喉头的位移，并体会喉部肌肉是否被挤压、拥堵。注意喉部声带闭合状态要始终保持如一，气息和气泡的弹发时间要均匀，大小要相同。

如果喉部紧张，难以发出气泡音，可先使声带完全闭合发 a 音，用乐音带动气泡音的产生；或者训练"绕音"进行到最低音时再寻找气泡音。

在 6 个舌面元音发气泡音时，口腔与咬字器官的不同变化不能影响喉部的松弛状态，否则也发不了气泡音。

在控制 6 个元音于不同声调、不同情绪发音的过程中，感受屏舌与口腔的相对变化对喉部与气息控制产生的影响。

"i、ü"前高元音由于口腔开度小，喉部容易随之挤压。在此特别进行"i、ü"训练，是因为"i、ü"舌位靠前，如果着力点正确，就能起到放松喉部的作用，但是必须以加强舌前部及唇部力度为前提。这是"声东击西"训练法。

上声声调是四声里最不好发的一个声调。因为调形变化幅度较大，从中音区到低音区又上升至中高音区，所以无论音高把握还是气息控制都有难度。一般容易出现的问题是发声压喉，尤其是在低音区，也就是在发到"1"度时，由于喉部挤压致使呼吸通道不够通畅，声音紧、挤、干、涩。因此，当声调调值变化时，声带松紧有变，喉部周围的肌肉要保持放松。结合气息控制，辅以听觉配合，使声音往口腔的前面走（硬腭前部），树立"管子"意识，切忌发成"v"字形，即声调直上直下。这是"以毒攻毒"训练法。

如果上声声调的音节发不好，就要注意感受发其他声调的音节时喉部的控制状态，再保持此状态发上声声调音节。如果"去声"下不去，也可采用同样的办法。这是"触类旁通"训练法。

由于"ya"音的准确发音位置，恰好是播音主持语言要求的发声归结点（硬腭前部），因此，通过听觉判断，以"ya"音调整舌位较靠后的词语，也是一种有效的训练办法。舌后部发音时，舌前部（舌尖抵住下齿龈）必须保持一定的稳定性，再将靠后的舌位着力点前移，否则，舌体后部因发音用力，舌尖又无意识后缩，依然会造成喉部挤压的问题。

以上方法的运用都离不开对腰腹部气息的控制，气息是保证每一个声调调值到位的基础。喉部相对放松训练也离不开自身视听等感觉器官的指导，如果听不出自己的发音问题，那么再多训练也是枉然。

2. 喉部相对控制训练

喉部相对控制训练是相对于喉部绝对放松而言的。对于没有喉部控制意识的人来说，最初的无音练习是必要的，用各感觉器官感受喉部在不同控制状态下的变化效果。发音控制练习的目的，在于通过特殊音节及词语训练，使发音中各个要素相互协调、配合，喉部在声调、舌位动程、气息等的带动下控制自如。

照镜子或用手摸喉头，打开口腔保持发"a"音的口腔状态，设想听到或看到一个令人非常惊喜、惊奇、惊讶、震惊的事情，但是发不出声来，这时感受喉部在一提一放的紧张与松弛的变化中，喉头的上下位移。

调动情绪，保持积极的心态，保持口腔的静态控制，并呈发"a"音的状态，用手弹击喉头，通过听觉感受喉腔的空旷感，然后再放松口腔与喉腔，弹击喉头判断声音的"闷、暗"，以此体会发音时喉部应保持的控制状态。

喉头的感受不受环境、场地、时间的限制，可随时进行，采用触觉感受的方式帮助掌握，注意用心体会。例如，用拇指和食指轻弹喉头，可感受到喉部完全放松与喉部肌肉有相对控制时在声音上的区别。

可采用"喉内感受"的方法,体会喉部各软骨、肌肉之间是否做到了相互不摩擦、独立"站定"、各负其责而不僵硬。

如果吐字归音时唇舌的发音部位精确有力,喉部是会相对放松的。之所以有的学习者喉部过于用力,是因为没有理解或掌握发音要领,喉部(下巴)"帮倒忙"了。控制与放松的关键在于"相对",要注意过犹不及。要根据每个人的实际情况,分步骤进行音素、音节、词组、句子等声音虚实的对比训练。

建议每一组词读两遍。第一遍拉长声调、字腹,用夸张的方法来体会不同声调在发音时的喉部控制状态,在慢发的过程中及时纠正不正确的喉部状态;第二遍恢复正常速度,但是要注意保持慢速发音时的正确状态,调值到位、以情带气、以情带声,避免心无感受、见字出声、面无表情。

发声训练的完成、语感的培养,前提条件是要具备"悟性"。对于艺术类专业的学习,有些技能训练不是仅靠言传身教就能完成的,它们需要在意会的前提下采用各种感官去悟。它们看不见摸不着,仅靠听觉判断,没有一定的语感是难以调整和驾驭的。

(二)喉部控制与声调词组训练

大量双音节词语的出现,使语言的社会性问题成了摆在初学者面前最突出的问题。初学者看到这些词语,大脑中就会联想到以往与这些词语相关联的语境、生活片段,就会在潜意识中产生原有发音习惯形成的固定模式,口腔及唇舌就会被旧模式左右。此时,刚建立起的新的发音要领和技巧,就会与旧模式形成对抗。哪种模式能成功,就看初学者的理性控制意识是否坚强,训练量是否足够。因此,对于初学者,当我们强调以情带声时,对发音要领的理性驾驭就显得非常重要了。总之,各要领的掌握、关系的处理,应用在播音发声中,要既把握"方",又兼顾"圆"。

1. 字词声调训练

认真学习前面声调与喉部的控制原理,理解各要素之间的关系。例如,在单音节训练时,要体会声调调值与音节在吐字归音过程中的时间分配,尤其唇舌归音不能因为调值的变化而缩短字腹的时间。如,"猴(hóu)",u 音不能在 4 度时就归音，要到 5 度声调即将结束时唇部再合口；又如，"感（gǎn）"，发前鼻音时要在声调发到 4 度再归音，初学者往往在声调发到 1 度向上、声带闭合由松变紧时，舌尖就由低变高了，产生字腹拉不开、归音过早的问题。此时需要声带与舌尖协调控制，声带由半低 2 度到低 1 度再到半高 4 度，而舌尖需要稳定到 4 度时再上抬到上齿龈归音。其他声调同理。

如果单音节发音时声调不准确，就会使双音节词的轻重格式发生改变。表现在语句里，就会产生方言语调，导致关键词强调不到位，语意传递不清。

既然是词，就表达了一定的词义，应完整体现。训练中无论速度有多慢，音节与音节之间都要有气息的贯穿，防止"字化"现象。

在 16 组双音节词的训练中，因为不涉及语境和语势变化，所以要把握好每一组词与其他组词的相对调值关系，防止出现越读越高，或者越读越低现象。

阴平、去声最容易"冒调"，在专业训练中所说的"不说人话"大多源于此（在岗人员中也不乏此类问题），这与发音时不结合气息有关系，与认识不到位、没有控制意识有关系，与喉部、气息、调值、口腔等不能协调控制也有关系。

不要急于求成，应采用循序渐进的方式，根据不同的单音节字、双音节词、四音节词进行声调的学习与掌握。在根据每一个词的词义展开想象、设计语境、以情带声的同时，要绷紧理解发音要领，进而理性控制这根弦。

2. 四音节词声调训练

现代汉语音节多以双音节形式出现，四音节词多由双音节词构成，读起来朗朗上口，具有节奏感，尤其在高低起伏的声调配合下，更显动听悦耳。采用四声顺序和不同声调组合进行训练，需注意每个四音节词的情境设计、气息控制与声调调值。

注意结合喉部控制的训练方法进行练习，每组词运用气息，先采用夸张法拉开字腹和声调慢速训练，再用比正常速度稍慢的中速进行训练，要防止顾此失彼。

夸张练习要注意气、音不断，中速或正常速度要注意调值与唇舌动程的关系。

同其他训练内容一样，尽量读出词义，要防止出现见字出声的问题。

要防止出现语气代替声调的现象，即"拖腔拿调"或"拖泥带水"，尤其是去声容易出现此问题。

通过词语中不同声调的练习，体会气息的控制力度对调值与词语间的变化所起的作用。

第四章　新媒体时代播音与主持艺术的机遇与挑战

　　本章从两个方面对新媒体时代播音与主持艺术的机遇与挑战进行阐述，分别是新媒体时代播音与主持专业人才培养的现状、新媒体时代播音与主持的艺术批评。

第一节　新媒体时代播音与主持专业人才培养的现状

一、新媒体时代播音员、主持人行业现状

（一）受众群体多元化

1. 社会多元化带来受众的多元化

当前，社会经济、文化潮流的发展与进步引发了社会阶层的"碎片化"，并相应地带来了市场的"碎片化"和受众的"碎片化"。媒介消费需求由单一转化为多元，态度也由迎合转化为选择。随着社会观念的利益化和个性化倾向日益明显，传媒的"大众时代"正向"分众时代"过渡。

在新媒体时代中有着海量的资源，人们可以根据自己的兴趣爱好、文化背景、职业类型等随意挑选。不同的受众心中又会有自己群体的"偶像主持人""偶像播音员"，受众很难再像从前那样作为一个统一的群体而存在，这也意味着早期电视节目主持人、播音员"全民明星"时代的终结。而在现如今受众群体分化的时代，取而代之的是不同定位、不同类型、不同特色的明星主持人、播音员，他们不一定是全民的，但是一定有一个独特的群体对他们情有独钟。那些谁都可以喜欢、没有清晰定位、没有特色、没有专业方向的"全民主持人"、播音员，势必在这个时代遭遇困境。

2. 思想多元化带来受众的多元化

随着人们生活水平的不断提高，人们不再停留在对物质层面的需求，而是更多地追求精神层面的享受。人们对传播的内容不冉只停留在被动接受的层面，而是更加强调主导意识。在传播大量信息，甚至产生许多冗余信息的时候，受众对于传播的内容和形式变得越来越挑剔，希望能更多地参与到传播过程中，以更好地满足自身的观看需求，实现自我的满足。在现代社会，由于人们的生活方式越来越多姿多彩，对娱乐的要求也随之多样化，现今的电视新闻、综艺娱乐节目、电视剧等，不管是从内容上还是从形式上来说，都比从前有了很大的提升。

受众作为大众传媒市场和信息产品的消费者，是信息传播的归宿，是媒体进

行商业竞争的争夺目标。要想吸引更多的受众，媒体应该了解什么样的题材能够吸引受众的注意力，寻找到该题材的空白点和热点，迎合观众的口味，从而提高收视率。一个成功的节目会牢牢地抓住观众的心理需求和观看欲望，根据受众的特点进行精准定位。

（二）媒体多样化

移动互联网不断发展，使更多的普通人都可以享受互联网带来的便利，这同时也为网络媒体提供了更广阔的发展空间。人们随时随地都可以利用移动终端在网络上查找多样化的媒体资讯，不管是文字还是视频，因此人们的选择权发生了巨大转变。

互联网媒体具有时效性优势，基于此，在媒体竞争中获得了充足的分流，而电视媒体的压力增大。各种节目为谋求更高的收视率而对各方面的工作进行了革新，其中播音员与主持人工作的革新非常重要。一方面，播音员与主持人工作质量在一定程度上对整个节目的质量具有决定性影响，会对收视率造成影响；另一方面，媒体间的竞争日益加剧，无形之中使播音员与主持人工作的压力增大。

（三）广播交流输出形式实时化

信息化网络社会的迅猛发展，使以往节目中播音主持难以和观众进行良好沟通交流的问题有效化解，二者间的交流形式也从以往的单方面输出内容转变为播音主持和观众可以实时在线沟通，双方借助各种网络软件中的弹幕与现场连线等方式就能实现实时交流，这是一种区别于传统媒体的"节目文化"。但同时，便利的沟通也要求播音员与主持人必须具有较强的专业能力，同时还需要具有一定的灵活应变能力，可以有效处理出现的突发情况。这种形式上的变化虽然在一定程度上影响了传统的播音主持，但对提高节目活力、使播音主持获得进一步发展有一定帮助，对播音员来说，这既是挑战，也是机遇。

二、新媒体时代播音与主持专业人才培养的现状

教师一直以来都被视为传道授业解惑的人。在新媒体时代背景下，微信、微

博、网络电视、各种学习App等层出不穷，丰富了课堂教学内容，使课堂教学不再局限于教材，教师和学生可以从新媒体中获得新颖有趣的学习资料，甚至有些学生获取信息的速度比教师更快，改变了传统教学中以教师为主导的知识传递方式，学生的主体地位更加明显和突出，促进了播音与主持专业教学模式和教学内容的创新。

在新媒体时代背景下，除了传统的师生面对面互动，教师还可以借助新媒体开展线上互动，利用智能教学终端对播音与主持专业学生进行一对一的答疑和辅导，也可以让学生进行人机互动，指导学生自己从新媒体中查找解决问题的方法与途径，避免学生对教师的依赖，构建起全新的对话教学模式，提高课堂互动效果。

新媒体时代的到来，增加了信息传播的载体、渠道和方式，同样的信息经过新媒体的重新整合，其影响力会成倍增长。新媒体独有的传播特性和丰富的信息资源，正改变着学生固有的学习思维和学习方式。在新媒体时代背景下，学生思维的独立性、选择性和差异性不断增强，播音与主持专业学习空间更为广阔。学生可以利用互联网去搜集自己需要的学习内容，也可以利用学习App在课后进行线上学习，还可以利用微课实现移动学习等，大大拓展了播音主持的学习空间。另外，学生可以结合自身学习实际去选择自己喜欢的、感兴趣的学习内容，打破了播音与主持专业教材和时空的束缚，使播音与主持专业学习更加灵活和自由，培养了学生的自主学习能力。

总之，新媒体的出现和应用为播音与主持专业提供了更为广阔的空间，是素质教育发展的必然趋势。播音与主持专业教师要充分发挥新媒体的优势，创新教学方法，丰富教学内容，优化教学过程，使教学与时俱进。同时，还要遵循学生的认知特点和认知规律，为学生提供良好的语言学习环境，让学生在新媒体环境中获得更好的参与感、体验感，提高播音与主持方面的核心素养。

三、新媒体时代播音与主持创作中的突出问题

随着时代的发展，人们已经完全处于新媒体时代，快节奏的生活，导致在多个领域当中产生了"快文化"，其中，批量产生的播音员与主持人也是如此，由

此在创作的时候会出现一些问题。

（一）一味展示声音特质，忽视稿件内容

声音是播音与主持的创作工具，拥有一副好嗓音是顺利进行播音与主持创作的良好物质基础，但也仅仅是物质基础，用心的准备、积极的话筒前状态、熟练自如的语言表达技巧缺一不可。新媒体时代，有些播音员和主持人在播音或者主持的过程中会偏颇地认为好声音就是一切，不是以稿件内容为依据开展工作，而是一味地展示自己的好声音，完全脱离了创作轨道。

其实，播音与主持的实质就是播音员与主持人紧随时代步伐，将对稿件的理解感受形之于声，播音与主持的语言表达应该是色彩丰富而细致的，时刻融于稿件内容之中，而绝不是声音的炫耀。新媒体时代的播音员和主持人如果缺失了理解和感受，他们的声音必定无神无魄，仅是空壳。受众不会愿意把宝贵的时间用在欣赏一具空壳上。

（二）盲目模仿，刻意做作

随着科学的发展，无论是传播的时间还是传播的空间，受到的限制都非常小，可以说几乎没有，因此，当很多人都喜欢某一位播音员或者主持人的时候，有些播音员与主持人会模仿其播音与主持风格、声音，或为了营造自己想要追求的风格，刻意包装自己的声音、腔调、节奏，矫揉造作，虚张声势。

其实，由于发声条件不同，每个人的声音都有自己的特色和个性。人们应该在自己的发声物质条件的基础上扬长避短，找到自己最好的声音、最佳的发音状态，而不是去模仿、追求某种自以为美的声音、腔调。因为刻意模仿他人，背离自己的物质基础，是不良发声的根源，会限制播音与主持创造力的发挥，使作品不佳，甚至导致发声困难或喉部病变。

以上分析了新媒体时代一定播音与主持创作中容易出现的问题，只要我们坚持学习，勤于推敲、探索，勇于自我扬弃，就能逐渐提升播音与主持水平，并且在新媒体时代的背景下，创作出更多优秀的播音与主持作品。

第二节　新媒体时代播音与主持的艺术批评

艺术批评离不开艺术欣赏，但是它不同于艺术欣赏，它应当是艺术欣赏的深化和发展。艺术欣赏是对艺术作品的审美感受，艺术批评则是对艺术作品进行逻辑思维的科学评判。批评的任务主要在于引导和提高大家的鉴别能力，从而促进作品创作能力的进一步提高。创作者在新媒体时代可以从善意的批评中获益良多，在肯定自己成绩的同时，正视并反思自己的不足，找到前进的方向。

那么新媒体时代，播音与主持艺术的批评标准是什么呢？作为艺术的标准，从大的方面来说主要是两项：一是思想标准，二是艺术标准。思想标准主要指的是作品的内容，艺术标准主要是指表现形式。"作为基础性评判标准，不能不考察内容、形式及二者的关系。离开语言内容、语境，离开语言形式、传播，离开节目整体、语言内容和形式的统一，特别是离开'有声语言'后，这个'标准'或被架空、失去实践意义，或被扭曲、变得支离破碎。因此，必须从传播效果去考察。如果仅从传播过程的中途——词语组合上、语意形成上，甚至文字稿件上去考察，就混同于报刊编辑、校对了，实质上，便把'有声语言'的创作降低、抛弃了。因此，如何以播音语言的六个特点对播音质量进行基础性评判，是要有共识的，是要有共同语言的……"[①]这段论述就十分清楚地指出了播音语言艺术标准问题。

新媒体时代，播音与主持艺术的思想标准实际就是指创作者本人的世界观、人生观和价值观，在语言作品中是否得到了正确的反映。譬如，对文字内容或节目宗旨的深刻理解、清晰的表达，对受众的思想能否产生正确的引导力量，语言表达的分寸火候是否得当等。在播音语言的运用上，由于理解的不同，可能会有多种表达方式，它具有明显的倾向性，有时还会产生完全相反的传播效果。如，在陈述反面意见时，我们常会运用一种"故作反语"的表达方法；在转述一种并不十分鲜明的观点时，我们会把它的实质性问题强调得很清楚；一个平淡无奇的情节，却可以表现得跌宕起伏，如此等等。这样的表达往往基于播音创作者的个人理解和评鉴能力，当然，由此产生的传达效果显然是各不相同的。

我们在评鉴播音语言艺术作品时，在很多情况下，并不仅仅存在理解上的问

---

① 张颂. 中国播音学 [M]. 北京：北京广播学院出版社，2003.

题，而是存在表达技巧或者说是表现能力上的不足。一些很好的思想内容成了"茶壶里的饺子——倒不出去"。这样的艺术效果，显然就暴露出创作者表现手段的贫乏，需要努力加以锤炼和提高。随着时代的发展，新媒体时代的播音艺术强调创作者的语言基本功训练，语言能力和其他的生理功能一样都是用进废退的。在新媒体的播音教学中形成了一整套科学的吐字归音、练气发声的方法，提倡正确处理好"情、声、气"的关系。基本功是否扎实，在播音创作中反映得十分明显，它直接影响创作者能否准确、鲜明、生动地传达、表现节目的内容。

近些年，随着新媒体时代的发展，出现了一些大家都十分喜爱的主持人节目形式。主持人亲切自如的话语，给人留下了深刻的印象。但是亲切自如，绝不是放任随意。实践证明，语言形象是需要塑造的，就如同"包装"一样，如果仅仅追求一种随意、浅白的语言形式，就会失去语言的魅力，也就谈不上审美艺术效果了。这在广播中表现得尤为突出，由于广播是只闻其声、不见其人的，因此人们往往会从语言形象上去揣测一个人的真实容貌。如果播音员、主持人热衷于在公众场合展示自己，未必就是好事。因为大家一见面，就可能会出现两种情况，要么令人大出意外、要么给人留下遗憾，让人感觉完全一致的情况并不多见。因此"聪明的广播人"往往会隐匿自己的真实面貌，而努力去塑造和保护听众的美好印象。我们在评审播音与主持艺术作品时需要专家准确把握业务标准，但是受众显然是作品最权威的评判者。在新媒体时代，任何一部播音或主持艺术作品如果不能够感染受众、不能够产生强烈的社会反映和良好的社会效果，就算不得优秀的艺术作品。

新媒体时代艺术批评的另一项重要作用就是丰富和发展播音与主持艺术理论，推动播音与主持学科的建设和发展。一般来讲，艺术学的主要内容包括艺术理论、艺术史和艺术批评三方面的内容。艺术批评的主要任务是对艺术作品的分析和评价，同时也包括对于各种艺术现象（思潮、流派等）的考察和探讨。一方面，艺术批评必须以一定的艺术理论为指导，也要利用艺术史研究提供的经验作为借鉴；另一方面，艺术批评也总是通过分析新作品、评论新人才、发现新问题、总结新经验，从而不断丰富和发展新媒体时代播音主持艺术理论和播音主持艺术史的研究成果，使艺术理论和艺术史不断从现实的艺术实践中获取新的资料和新的素材。

第五章　新媒体时代播音与主持艺术的发展与创新

　　本章为新媒体时代播音与主持艺术的发展与创新，主要从新媒体时代播音与主持艺术的发展途径、新媒体时代播音与主持艺术的创作样态、新媒体时代播音与主持艺术专业的新定位、新媒体时代播音与主持艺术的创新策略、新媒体时代播音与主持人才培养模式的转变五个方面进行阐述。

第一节 新媒体时代播音与主持艺术的发展途径

一、明确播音主持原则

在新媒体快速发展的历史时期，媒体被赋予了新的时代特色，媒体资源具有海量化的特点，获取资源具有畅通化的特点，媒体形式具有多样化的特点，使受众的选择余地更加宽泛，因而要求在新媒体语境下，播音与主持必须进一步体现自身特色，建立新的原则，要将时代特色作为在新媒体语境下播音与主持的首要原则。同时，还要进一步提升自身的开放性，播音员、主持人要学会与受众进行交流，最大限度地倾听受众对播音与主持的意见和建议，改进播音与主持栏目以及播音员、主持人的主持风格，不仅体现出对受众的尊重，还要能够推动播音与主持的创新。

二、树立开放理念

对于新媒体来说，开放性是其最大的特点。播音与主持要想更好地适应新媒体语境，就必须牢固树立开放理念，坚持以人为本与以物为本相结合，特别是要把市场经济理念引入播音与主持体系当中，将服务意识与商品意识紧密结合起来，将播音与主持当成一种商品，着力打造服务品牌，充分了解受众的需求。在新媒体语境下树立开放理念，还必须提升播音员、主持人的采、编、播能力，使其成为复合型主持人，这样能够使播音与主持节目更具真实性和情感性。

三、强化人文精神

人文精神是对社会信仰、价值观念、道德情操的集中体现，播音员、主持人只有具备良好的人文精神，才能与受众形成广泛的共鸣，这也是新媒体对播音与主持提出的新要求。在新媒体语境下，播音与主持还必须牢固树立亲民化的形象，不仅要体现在播音与主持风格上，还要体现在播音与主持内容上，要让受众通过播音与主持有所感悟、有所思考、有所收获，进而提升受众认知力。

四、推动播音与主持互动

新媒体的另外一个显著特征就是互动性强,因而在新媒体语境下,播音员、主持人必须高度重视互动性,加强与受众的全方位互动。这就需要对播音与主持栏目进行科学的设计,广泛运用网站、微博、微信等互动平台,加强与受众的交流,这样既能实现在新媒体环境下播音与主持的互动性,又能使播音与主持更具创新性,因而应当对此进行积极的创新,形成自身的互动模式。要想提高播音与主持的互动性,还应当大力加强与新媒体的合作力度,通过建立多元化的播音与主持模式,提升新媒体语境下播音与主持的创新性。

第二节 新媒体时代播音与主持艺术的创作样态

一、现场直播报道的即时编排性

以数字化为基础的新传媒技术的发展,使得信息传播方式日趋便捷,传播速度和资源利用效率日益提高,增强了电视直播的时效性。早期的电视新闻现场直播多为一些实况转播,将新闻现场的声音和图像信息,结合播音员的讲解,通过电视传送给观众。演播室直播连线通常采用记者事先到达新闻现场采集新闻、编辑稿件,经过审核后在演播室直播节目中按照预先设定好的稿件内容播出的方式,播音员、主持人的播出相对于稿件编辑来说具有滞后性并且周期较长。现场直播报道的基本模式是,主持人在演播室伴随实况转播进程,与嘉宾互动点评、组织串联,适时引入记者连线报道前方状况,插播专题片介绍相关背景等,这就需要主持人实时关注把控节目进程、各方话语份额,具备即时编排意识。随着电视直播的发展,实时评论的速度、深度和吸引力成为一个电视新闻媒体树立权威感、扩大影响力的核心竞争点。尤其在重大新闻事件的现场报道中,直播连线从单点报道向多点联动报道发展,增强了新闻传播的立体感、现场感、动态性和时效性。2013年2月9日的《新闻联播》首次引入10路直播信号,全方位地展现祖国各地喜迎新春的场面,创造了多点直播的历史。直播中的主持人、受众、信息和现场连线中的记者、嘉宾，同时存在于一个传播场，同步接收分享信息，极大地缩短了主播与观众之间的心理距离，增强了传播的亲和力和时效性。

二、交互式场域的主流引导性

"场域"理论源于社会学范畴，指人的行动受所在场域中其他人的行为及诸多因素的影响。这里的场域特指在新闻节目播出过程中，由主持人、嘉宾、评论员、多媒体信息等各要素共同构成的新闻演播室环境。在新媒体技术的影响下，新闻演播室由单纯的信息发布中心变成网络枢纽和平台，多重身份的人员、多层次的信息在演播室汇聚，他们相互影响、动态发展，实时产生新的信息并由新闻主播主导传播。新闻主持人是这个交互式场域中的把关人和引导者，需要把握引导主流观点的传播，帮助受众辨别信息。新媒体演播室的逐步普及给播音主持形式带来了新变化。

通过全媒体演播厅的大屏画面，主持人可以解读上面的画面、文字、数据，对新闻进行深度加工，与大屏之间形成双向互动；通过演播室兼容设置的网络和许多外来讯号的接入，节目可以对不同类型的背景信息和互动信息进行展示。今天的全媒体演播室中，主持人将文稿信息、视频信息、网络信息、互动数据信息进行有效整合、实时编排、报道播出，观众接收到的已经是"新媒体新闻"信息。

新媒体技术时代，传播观念和思维方式都发生了深刻变革。电视新闻传播从单纯的内容生产到信息关系平台的搭建，从数字化、网络化运行到虚拟技术的应用，从"点对面"的传统信息传播方式到针对移动服务器进行个人化、碎片化的多渠道网络分发，电视已经从最初的开办网站和简单地在网络上进行电视新闻节目重播，转变为深层次的观念转变和思维调整。电视新闻数据化的尝试，就是在新技术背景下以了解用户、提高服务质量为出发点的有益探索，也只有在这一基础上构建的内容和样态，才能为当下的新闻工作者和主持人提供新的竞争点。

第三节　新媒体时代播音与主持艺术专业的新定位

　　媒体融合指的是各种各样的媒介所具有的多功能一体化的一种趋势。媒体融合最为明显的表现在于把传统的媒介，如报刊、电视等融合起来。媒体融合依托互联网技术、数字技术，把媒介的组织系统、终端系统、网络系统、内容系统，甚至是媒介自身融合起来，表现出多功能、一体化的发展趋势。媒体融合是媒体改革的一种必然趋势，使手机、互联网、电视、广播、报纸等新旧媒体互相融合、互相渗透，为广大群众提供视频、音频、图片、文本等类型多样的媒体信息，让人民群众不再受到时空的制约，可以随意收集各种信息资源，并且可以最大限度地共享资源。媒体融合使得媒体运作的格局发生改变，加强了传播的效果，优化了传播结构。

　　在媒体融合环境下的新闻传播方式和内容不断发生变化，其对播音与主持专业教学的要求也越来越高。知识能够外化为技术，内化为技能，技术的提高是将知识作为前提条件的，也是学习知识的最终目的。掌握知识的目的不是单纯地占有，而是提高各项技能，并且要提高综合素质。在课程教学中，教师需要把讲解知识与运用知识融合起来，强化学生学习到的知识，提高学生的应用技能，使其能够胜任栏目的编辑、采访、策划等工作。要想实现这个目标，教师就需要从练习有声语言开始，区分不一样的训练篇目、不一样的教学难点和重点，以顺利地向学生讲解知识和训练学生的配音、新闻播读、语言表达、吐字发音等专业技能。播音与主持专业的学生，需要学习各个方面的知识，因此，在人才的培养上，各高校需要重视学科之间的融合，对学生实施跨学科的培养，应用有关教育资源，实施融合性教学。把广播电视新闻、广播电视编导等有关联的专业加以融合，增设音视频制作、新闻写作、新闻采访，以及跟新闻媒体有关联的课程；根据学生所学习的内容，与其他学科相联系实施融合性的教学，比如，体育、艺术、经济、法律、广告等；甚至还需要跟市场营销等专业融合起来，让学生在传播信息方面具有一定的优势，以担任非广播电视等方面的职位。

　　借助网络这个平台，实施以网络为基础的播音与主持专业教育媒体融合，其中动画、图片、文字、视频、音频等多种元素的功能不具有单一性，能够以网络为平台有效地实施多样化的交流互动。这要求发布信息的人员具有应用网络技术的能力和输入文字的能力，除此之外，还需要具有一定的播音主持技巧。由于受到版权或资金来源的制约，大部分门户网站使用最为普遍的是文字的互动交流，在发布信息的过程中就是文字形式的播报主持，由网站的文字编辑来担任文字主持人就行了。然而，随着视频与音频的日益增多，传统意义上的文字主持人就不知所措了。这就需要各高校借助网络，开展以网络为基础的播音与主持专业教育，以增加学生的技能。在现实生活当中，一部分广播电视节目也已开始借助多样的媒体平台来传播信息。在一部分新闻类节目当中，主持人除了需要访谈、播报、咨询，还需要借助网络、手机短信、电话等实时跟受众群体进行交流互动。

在媒体融合的环境下，播音与主持艺术专业需要从思想上认识新媒体，从行动上捕捉新媒体，从发展上应用新媒体。只有这样，才可以使播音与主持专业具有自己的优势与特色，为新闻事业输送更多专业化的人才。

播音与主持艺术专业培养具备广播电视新闻传播、语言文学、播音学，以及艺术、美学等多学科知识与能力的复合型应用语言学高级专门人才。该专业要求学生掌握马克思主义、毛泽东思想、邓小平理论的基本原理，并具有较熟练的外语能力和扎实的文学基础、有扎实的汉语基础和流畅的普通话表达能力、能够掌握现代电子媒体技术、有一定的表演经验，能成为在广播电台、电视台及其他单位从事广播电视播音与节目主持工作的复合型应用语言学高级专门人才。

播音专业从1963年在我国开设至今，已经发展为包括专科、本科、双学位、硕士和博士在内的完整培养体系。在1998年教育部颁布的《普通高等学校本科专业目录》中，原来的播音专业被调整更名为"播音与主持艺术"专业。由之前北京广播学院（如今的中国传媒大学）的一家独秀发展到现在遍布全国近30个省市和自治区，约200家高校设置播音与主持艺术专业或方向，并且新的播音与主持艺术专业仍在不断筹建招生中。

首先，要改变思想观念，摆脱传统媒体的束缚，定位在新媒体时代。众多院校的播音与主持专业的定位都大同小异，因为各个院校在建设和发展中，都和中国传媒大学有着千丝万缕的联系。中国传媒大学是我国开办最早的播音院校，培养出来的很多人现已成为各地方播音院校的筹建者或建设者，一家独大的影响在于后者定位趋于雷同，这种雷同会给很多实力一般的院校在人才培养方面带来很多负面的影响，其中，最大的影响莫过于市场竞争力较弱。鉴于此，对于播音与主持艺术专业的定位，首先要考虑解放思想，摆脱单一的广播电视新闻播音传统定位，拓宽专业培养的途径，增加学生专业生存技能。

其次，认同网络平台，发展以网络为基础的多平台播音与主持艺术专业。媒体融合的多元素如音频、视频、文字、图片、动画等，在媒体融合的平台上，功能都不再单一，可以利用网络平台的便利进行即时多种形式的互动交流。这就需要信息的发布者除具备文字输入和相应的网络技术运用能力之外，还应该具备符合音频、视频应用规范的播音与主持技巧。不仅因为广大受众对于音视频的要求，更主要的是音视频的播音和主持，需要符合相应的语言表达应用规范。

最后，巩固专业教育，提供社会教育。播音与主持艺术专业在成立之初的定位，就是给广播电视媒体培养播音与主持人才。在媒体融合中自媒体的出现，使得媒体平台更加广大，也使得播音与主持艺术专业人才培养领域更宽广。创造和分享音频、视频、图片和动画的工具越来越普遍地"飞入寻常百姓家"，每个人都可以通过家用媒体设备和终端，参与到节目的采编传播当中。因此，每个人都有可能利用设备进行音频和视频制作，甚至包括配音、节目主持这些先前只能由专职播音员或主持人来完成的工作。这样，在媒体融合的发展环境中，播音与主持的专业教育和社会教育的界限就会越来越模糊。

总之，播音与主持艺术专业应该在媒体融合环境下，从观念上接受新媒体、行动上捕捉新媒体、发展上利用新媒体，唯此方能继续保持我国播音与主持艺术专业的特色和优势，为具有中国特色的新闻事业培养更多更优秀的人才。

第四节　新媒体时代播音与主持艺术的创新策略

新媒体环境下，播音员、主持人的身份发生了变化。原先在传统媒体中，播音员、主持人基本上是播音与主持专业出身的人员，或者是在播音与主持行业从业多年的人员，有着一定的理论基础和实践经验，绝大多数都持有广播电视部门所颁发的从业资格证。一方面，出现了跨界主持人，即原本身份为学者、教授、歌手、演员的人进入播音与主持领域，担任节目的播音员、主持人；另一方面，出现了不同领域的播音员、主持人跨领域播音与主持，即原本为新闻节目的主持人去主持体育节目、娱乐节目等。主持人身份的多元化，为节目带来了不一样的风格变化，成了新媒体环境下的一种有益尝试。在新媒体环境下，播音与主持更需要适应新环境和新特征，只有努力创新发展才能更好地把握机遇，赢得受众青睐。

一、在自身业务能力上创新发展

新媒体的发展，带来了更快的信息传播速度，这也要求播音员、主持人在信息处理上拥有更强的业务能力。尤其是在新闻类播音与主持上更是如此。对于重大新闻事件，现场直播内容增多，现场连线环节增多，这就需要播音员、主持人能够尽快熟悉新闻事件的来龙去脉，尽快了解新闻现场的环境氛围，尽快捕捉声音图像与相关人群，在最短的时间内做好直播的准备工作。在播报新闻时，要尽量用简洁的语言来描述新闻事件，用口语化的形式来做好现场介绍，同时，针对受众最为关心的问题进行重点说明。

除此之外，跨界主持人的频繁出现，也对播音员、主持人的业务能力提出了更高的要求。如果现有主持人不能尽快提高专业素质、扩充眼界视野，那么，就可能会被优秀的跨界主持人赶上并超越，现有主持人就会有"下岗"的危险。

二、在自身风格特征上创新发展

新媒体环境下，网络视频节目得到了飞速发展。如今各大视频网站大多都有自制网络视频节目，并且也都取得了良好的口碑等。这既带来了节目的多元发展，又要求播音员、主持人在自身风格特征上多元发展。播音员、主持人已经不再满足于单纯的串场，而是更多地参与进节目内容中去，这就要求播音员、主持人的自身风格特征必须与节目本身相得益彰。只有根据主持人的风格来选择节目风格和根据节目风格选取合适的主持人，才能够造就二者双赢的局面。当下，播音员、主持人既要能够在宏观上把握国家政策和社会发展大势，又要能够接地气地了解普通受众的思想生活，还要能够通过自身风格圆满体现节目内容。

三、充分利用新媒体形式创新发展

传统媒体的优秀电视节目如今基本上都可以在网络上被看到，并且使用网络观看的人数呈上升趋势。在网民越来越喜欢通过手机观看视频节目的大趋势下，播音与主持也要充分利用新媒体展开创新发展。例如，新媒体的一个重要优势就是互动性强，在即时评论、弹幕等互动方式逐渐风靡的今天，播音员、主持人也要通过这些方式展开互动。

新媒体环境下，播音与主持面临更大的机遇，也要迎接更多的挑战。播音员、主持人要对新媒体环境有着更为清醒和前瞻的认识，早日融入新媒体环境中，这样才能在未来的职业发展中立于不败之地。

第五节　新媒体时代播音与主持人才培养模式的转变

一、明确学科思路

（一）借鉴言语沟通学

"播音与主持队伍是媒体从业者中的一个重要组成部分，人才的培养成为播音主持教学的新原则"。[1] 播音与主持艺术专业是我国特有的专业，国外并没有把播音员、主持人的培养细化成一门独立的专业进行研究，一般只放在口语传播专业之中。口语传播专业的学科基础是言语沟通学，也被翻译为口语传播学。该学科源自古希腊，如今已有两千多年的学术研究和理论实践历史，在时代的发展中不断被完善，研究视野宏大，是一门成熟而古老的学科。

主持传播能力，不是一种单纯的技能技巧，而是一种建立在相关学科知识体系平台之上的口语传播能力与人际沟通协调能力。在媒介融合信息传播多元化、碎片化、分众化的趋势下，播音员、主持人不再以单向传播者的角色存在，取而

---

[1] 高贵武，罗幸. 中国主持传播研究 [M]. 北京：中国传媒大学出版社，2018.

代之的是一个沟通者、互动者、协调者的角色,而言语沟通学中的人际沟通、公共传播、组织传播、小团体传播等理论正对媒介融合背景下的播音与主持传播有着极强的针对性和指导作用。

(二)发展主持传播学

我国对主持人的专业培养与国外一直放在口语传播专业或演讲口才专业下不同,主持从刚出现就被认定是播音的一种形式直接并于播音专业之中。主持一直以来并没有针对自身出现独立的学科理论,其教学理论基本是在播音学的学科体系上延伸出来的,即以播音员的专业理论体系培养主持人。随着主持人节目的不断增多,主持人群体的不断涌现,与主持人相关的学科理论才有了一些发展苗头。

新媒体时代,不论播音员还是主持人都没有严格的角色区分,甚至出现主持人的显性角色被逐步淡化的现象。而随着节目越来越丰富多元化、新闻资讯类节目越来越固定等特征的出现,新闻主播、新闻播音员等对于"播音"的需求也相对变少,播音更偏向于作为主持的一种形式存在于视听节目中。传统针对播音的理论已难以指导愈加多元化的主持传播的具体实践。

主持传播学的出现不足 10 年时间,基本围绕主持传播的特点、动因、环境、符号、受众、主体等方面展开,理论脉络借鉴传播学理论,还未建成自有的独立体系。在主持人群体越来越大、节目主持需求越来越强烈的今天,学界更需要积极发展属于主持人的独立理论体系,以指导新媒体时代的播音主持业务实践。在新媒体时代的今天,不仅要继续完善播音理论,还要加大对主持传播理论的关注和研究。

(三)提升中国播音学

播音学是我国播音主持学科的核心,也是中国独有的一笔宝贵财富。中国播音学成熟于广播电视事业快速发展时期,具有明显的中国特色,是中国广播电视工作者和专家学者总结下来的精华。随着时代的发展,中国播音学也要在原基础上不断丰富、不断革新。

中国播音学独具艺术性,最初的理论汲取众多民族艺术的理论精华,基本脉络大体分为:学科导论、发音与发声、创作与表达、广播播音与主持、电视播音与主持。随着媒介壁垒逐渐被打破，广播播音和主持与电视播音和主持这种以媒介来划分的体系形式需要进行革新与提升，随着信息传播越来越多元化，发音与发声、创作与表达等理论也需加入更多时代的元素。提升中国播音学理论水平，使中国特有的、独具艺术性的播音理论与新媒体时代瞬息万变的信息传播发展结合起来，建立独具中国特色的、可持续发展的中国播音主持艺术学科体系。

在媒介融合的背景下，播音与主持艺术专业的学科只有以艺术学为起点，在融合传播学的视角下，进一步加强与广播电视学的交叉与融合，明确播音与主持艺术专业的艺术性与其传播属性之间的关联，才能获得更开阔的视野。新时代，我国播音与主持艺术专业应站在传播学与艺术学视角下进行重新定位，融合多学科的精华，建立以中国播音学、言语沟通学和主持传播学三大学科理论为基础的播音与主持传播艺术学科理论体系。

二、拓宽目标格局

新媒体时代是多元化的时代，高校播音与主持艺术专业应紧跟媒介时代的发展，从单一地面向传统广播电视业的培养目标上挣脱出来，积极培养适合新传媒时代的融合性播音与主持艺术专业复合型传媒人才。

（一）专业发展的自身需求

播音与主持艺术专业发展呈现出的多重矛盾，早已引起了学界和业界的高度关注。不少专家、学者一再呼吁要缩减播音与主持专业的办学规模：一方面在于当前播音与主持教育资源严重短缺，无法承载如此庞大的招生规模；另一方面是业界对播音与主持专业人才在数量上的需求渐趋饱和，应缩小专业规模，集中力量培养更多高质量的精英主持人。

对播音与主持专业进行规模性的"节流"只是"治标之策"，难以解决长远发展的问题，要使播音主持专业教育实现可持续发展，必须进行网络化"开源"的改革，拓宽专业培养格局才是"治本之方"。

（二）融合媒介平台的人才需求

播音与主持专业培养格局急需被拓宽，新媒体时代的到来给我国播音与主持艺术专业提供了发展的可能。新媒体时代，对网络主持人的需求急剧上升，除了综合门户网站主持人、专业视频分享网站主持人、交互式网络电视主持人、互联网电视主持人、手机电视主持人，还有各式各样的自媒体主持人。这些主持人一般没有经过专业化的培养，主持人素质参差不齐，在多元个性被充分展现的同时也极为需要专业上的"规范化"。这种对专业性的需求就为播音与主持艺术专业的发展提供了极大的可能。针对新媒体主持人的理论建设、人才培养、专业设置成了播音与主持艺术专业未来发展的一大方向。

三、转变人才培养理念

媒介融合的实质是媒介壁垒被打破带来的内容、组织、网络、规制、终端的融合。事实上，媒介形式在媒介融合过程中不断突破、不断创新，播音与主持专业人才培养改革的突破点就在于培养出可以跨越不同媒介平台、突破各种媒介形式限制、进行高质量内容生产的语言传播工作者。

（一）传统播音的二次创作

国内和国外对主持人的理解并不相同，我国播音与主持事业的发展伴随着各项事业的发展成长，特殊的工作性质与历史任务使播音员、主持人从一开始就具有"专岗化"的特点。

传统播音的二次创作，指的是创作主体站在媒体的立场上，在文字稿件基础之上进行的观察、体验、分析、综合以及加工提炼，经过艺术构想，最终以有声语言加以表现的创造性劳动。二次创作突出的是对语言的艺术性创造。比如，其中强调的"三性"包括规范性、庄重性、鼓动性；"三感"包括时代感、分寸感、亲切感。当然，传统播音教育也有针对即兴表达的一些创作培养，包括现场口头报道和即兴评述等"口语播音"的课程。但是，在实际教学的过程中，基于有稿播音的培养，仍然是在教学上比重最大的一部分，在课程设置上除即兴口语表达和播音创作基础外，针对"声音"艺术化表达培养的课程至少有四门。

（二）全能主持的内容生产

新媒体时代，内容生产流程越来越简化，要求播音员、主持人具备全方位信息制造的能力,并作为主导节目的灵魂出现,彰显出特有的个人魅力。我国现在的播音与主持专业教育人才培养,在理念上侧重"声音"艺术化表达的培训,而把主持人在内容生产流程中全方位的产控能力放到了次要位置。

参考文献

[1] 王沛寒. 播音主持 [M]. 北京：中国电影出版社，2015.

[2] 杨学明. 当代播音主持口语传播艺术研究 [M]. 长春：吉林大学出版社，2015.

[3] 李玲玲，李思睿. 播音主持能力与素养多元探究 [M]. 长春：吉林出版集团股份有限公司，2021.

[4] 顾瑞雪. 播音主持语意与发声艺术 [M]. 北京：中国传媒大学出版社，2021.

[5] 陈为艳. 播音主持艺术及主持人发展研究 [M]. 北京：九州出版社，2016.

[6] 熊萍. 播音与主持新论 [M]. 长沙：湖南大学出版社，2017.

[7] 李思睿. 当代播音主持艺术及其语言表达探究 [M]. 北京：中国商业出版社，2021.

[8] 安红石. 当代播音主持艺术新探 [M]. 北京：中国传媒大学出版社，2017.

[9] 梁亚宁. 融媒体时代播音与主持艺术发展策略 [M]. 长春：吉林大学出版社，2018.

[10] 祝捷. 中国播音主持评价标准体系发展研究 [M]. 北京：中国广播电视出版社，2013.

[11] 钟声. 融媒体背景下播音主持教学课程思政的课改路径探究 [J]. 传媒论坛，2023，6(5):77-79.

1[2] 郝丽娥，牛帆. 新媒体时代如何提升播音主持语言表达技巧 [J]. 公关世界，2023(3):30-31.

[13] 张科. 基于新媒体语境下少数民族播音主持的创新发展分析 [J]. 传媒论坛，2023，6(3):61-63.

[14] 慕怡. 全媒体时代广播电视播音主持风格的创新 [J]. 西部广播电视，2023，44(3):172-174.

[15] 陈琪.媒体深度融合背景下播音主持的传承与创新[J].西部广播电视，2023，44(3):157-159.

[16] 姚诚.新媒体时代下创新播音主持方式的有效策略[J].文化产业，2023(3):58-60.

[17] 诸焰.融媒体时代主持人面临的挑战和机遇[J].视听界，2023(1):107-109.

[18] 裴锦宁.新媒体时代新闻播音主持工作场景及业务素养的提升研究[J].新闻传播，2023(2):88-89.

[19] 刘书敏，宋晓芬，赵增娜.新时期播音主持所面临的问题与对策——评《融媒体时代播音与主持艺术发展策略》[J].中国油脂，2023，48(1):162.

[20] 谷羽.智媒时代播音员多角色播音主持的应变能力探究[J].采写编，2023(1):75-77.

[21] 孙羽.人工智能技术在播音主持行业应用影响因素研究[D].长春：东北师范大学，2021.

[22] 徐境鸽.论传统媒体中播音员主持人如何利用新媒体提升影响力[D].乌鲁木齐：新疆艺术学院，2021.

[23] 成越洋.播音与主持艺术专业的学科定位与学科建构研究[D].西安：陕西师范大学，2020.

[24] 王轩.融媒体时代，播音主持的价值坚守与应对策略研究[D].乌鲁木齐：新疆艺术学院，2020.

[25] 安抒宇.我国电视体育节目女主持人的媒介形象研究[D].成都：成都体育学院，2020.

[26] 李宏天.智能时代电视节目主持人的职业升级[D].哈尔滨：哈尔滨师范大学，2020.

[27] 王宇.播音主持微视频作品研究及创作建议[D].重庆：重庆大学，2019.

[28] 段夏杰.高校播音主持艺术生思想政治教育研究[D].南昌：江西农业大学，2019.

[29] 娄原菁. 全媒体视域下高校播音主持人才培养变革研究 [D]. 开封：河南大学，2019.

[30] 韩米. 播音主持艺术创作的思维运用研究 [D]. 南昌：南昌大学，2019.